A V A N C E

CURSO DE ESPAÑOL
NIVEL ELEMENTAL

CONCHA MORENO
VICTORIA MORENO
PIEDAD ZURITA

SOCIEDAD GENERAL ESPAÑOLA DE LIBRERÍA, S.A.

SGEL

Primera edición, 2001
Cuarta edición, 2003

Produce: SGEL-Educación
          Avda. Valdelaparra, 29
          28108 ALCOBENDAS (Madrid)

© Concha Moreno
   Victoria Moreno
   Piedad Zurita

© Sociedad General Española de Librería, S.A., 2001
   Avda. Valdelaparra, 29 - 28108 ALCOBENDAS (Madrid)

ISBN: 84-7143-894-1
Depósito legal: M-47.158-2003
Printed in Spain - Impreso en España

Cubierta: Carla Esteban
Maquetación: Leticia Delgado y Marisha Boekstaaf
Ilustraciones: Maravillas Delgado
Fotografías: Archivo SGEL

Fotomecánica: NEGAMI, S.L.
Impresión: MATEROFFSET
Encuadernación: FELIPE MÉNDEZ, S.L.

Presentación

AVANCE INICIAL es un manual de español para adolescentes y adultos extranjeros que no han estudiado español. Está basado en una metodología ecléctica que se sirve de todo lo positivo de los diferentes enfoques y persigue una completa integración de la civilización y la cultura hispanas. Todo el material que presentamos ha sido experimentado por alumnos de diferentes nacionalidades y edades.

Para la realización de este método hemos partido de una serie de principios:

○ *Partimos de un principio de Perogrullo, no por eso menos importante: los principiantes son elementales, pero no tontos.*

○ *Partimos del hecho de que los alumnos tienen que llegar a actuar en español, pero no descuidamos la forma y sabemos que muchos aprendientes necesitan y piden esos ejercicios de fijación, tanto de gramática como de vocabulario.*

○ *Diferenciamos, como propone Brumfit, entre las actividades orientadas a la corrección y las orientadas a la fluidez que, en nuestra opinión son complementarias.*

○ *Para la elaboración de este método hemos tenido en cuenta lo que pasa realmente en las clases; es decir, la heterogeneidad tanto de necesidades como de métodos de aprendizaje, así como de distribución de la carga horaria. Ésta es la razón por la que cada unidad presenta mucho material en sus numerosos apartados. Los profesores, de acuerdo con la duración del curso, del número de horas impartidas e incluso atendiendo a las prioridades de los estudiantes, podrán trabajar la unidad completa o elegir entre las diferentes partes que la componen.*

○ *El material visual presentado en una unidad concreta puede utilizarse a lo largo del curso, conforme el estudiante vaya poseyendo mayor conocimiento de nuestra lengua, y de este modo se sentirá satisfecho al ser consciente de su progreso.*

¿CÓMO ESTÁ ESTRUCTURADO AVANCE INICIAL?

PRETEXTO: Siempre con soporte gráfico (fotografías, tarjetas postales, anuncios publicitarios) a partir del cual presentamos el tema general y el punto gramatical en los que se basa la unidad. En las preguntas posteriores queremos que el alumno reflexione, deduzca, haga hipótesis y empiece a producir lengua.

CONTENIDOS GRAMATICALES Y VAMOS A PRACTICAR: La gramática aparece aquí de forma muy clara, por medio de esquemas y definiciones muy simples, pero de gran precisión. Con los cinco ejercicios gramaticales siguientes, de variada tipología, pretendemos que el alumno fije la gramática que acaba de aprender, sea capaz de estructurar frases y aprenda a preguntar y a responder adecuadamente desde la primera unidad.

⇨

Presentación

VOCABULARIO: Presentamos dos subapartados y dos ejercicios muy variados en cuanto a su presentación para que el estudiante fije el léxico. Para nosotras la enseñanza-aprendizaje del vocabulario es esencial, y por eso le damos mucha importancia, no sólo en este apartado sino a lo largo de toda la unidad

DE TODO UN POCO: Se compone de tres actividades, y en cada una proponemos la interacción por medio de juegos, concursos, encuestas, etc., partiendo en muchas de ellas de material visual. Pretendemos que los alumnos aprendan a hacer cosas con la gramática y el vocabulario aprendidos.

ASÍ SE HABLA: Esta sección está dedicada a las funciones comunicativas. Al final, proponemos que los estudiantes dialoguen y se comuniquen de una forma natural.

EN SITUACIÓN: Proponemos doce situaciones graduadas atendiendo a las necesidades que el alumno puede tener al llegar a un país de habla hispana. Están grabadas para que sirvan de modelo tanto para la pronunciación como para el acento y la entonación. Al final, proponemos que los estudiantes se desenvuelvan en una situación similar a la presentada.

COMO LO OYES: En este apartado, dedicado a la comprensión auditiva, queremos que el estudiante escuche diferentes acentos de España e Hispanoamérica y conteste a una serie de preguntas o realice una serie de diferentes tareas.

LEE: Como en el PRETEXTO, partimos de un soporte gráfico (fotografías, tarjetas postales, anuncios publicitarios) que lleva incluido un breve texto y en el que queda patente la importancia de nuestra cultura. La mayoría de las veces las preguntas son de tipo comprensivo.

ESCRIBE: Consciente de que hasta ahora no se había dado excesiva importancia a esta destreza, hemos intentado que esta sección sea variada y los alumnos puedan escribir adecuadamente mediante unas pautas claras y unos modelos previos, y, sobre todo, que sientan que lo que están haciendo es útil.

ESO NO SE DICE: Para evitar la fosilización del error, proponemos un final de unidad que permite corregir los errores más comunes extraídos de un corpus recogido durante muchos años.

REPASA: Cada cuatro unidades presentamos una serie de ejercicios recopilatorios para comprobar el aprendizaje del alumno, y tras ellos, siempre hay una revisión ortográfica, así como adivinanzas y juegos de palabras.

Agradecemos a nuestros colegas y alumnos la buena acogida de nuestro trabajo, que nos ha llevado a convertir el manual de nivel intermedio en un método de tres niveles inspirado en los mismos principios.

Las autoras

Índice de contenidos

⇨ **UNIDAD PRELIMINAR**   9

⇨ **UNIDAD 1:** *SER O NO SER*

PRETEXTO: 15
Ser o no ser

CONTENIDOS GRAMATICALES   16
Pronombres personales
Presente del verbo *ser*
Género y número
Verbos regulares en *–ar*

PRACTICAMOS LA GRAMÁTICA   18

VOCABULARIO   20
Profesiones. *Ser* + Adjetivos
Colores. Números del 1 al 12

ACTIVIDADES   23
I. De todo un poco: tres actividades
II. Así se habla: *Saludos y presentaciones*
III. En situación: *En el bar*

COMO LO OYES   24
I. Colores y números. II. Saludos

LEE   25
¿Quién es quién?

ESCRIBE   26
I. Profesión. II. Datos personales

ESO NO SE DICE   26
Es no / Martina es una directora

⇨ **UNIDAD 2:** *¿QUÉ DÍA ES HOY?*

PRETEXTO: 27
¿Dónde está?

CONTENIDOS GRAMATICALES   28
El artículo. Presente del verbo *estar* y *hay*
Contracciones *al* y *del*
Presentes regulares en *–ar, -er, -ir*
Verbo *poder*

PRACTICAMOS LA GRAMÁTICA   30

VOCABULARIO   32
Localizar en el espacio. La clase
Números del 13 al 50. Los días de la semana

ACTIVIDADES   35
I. De todo un poco: tres actividades
II. Así se habla: *Dar direcciones, pedir permiso,
     pedir un favor*
III. En situación: *Pedir y dar direcciones*

COMO LO OYES   36
I. Números y días de la semana
II. Preguntar y dar direcciones

LEE   37
España

ESCRIBE   38
Descripción de Bolivia con modelo

ESO NO SE DICE   38
Es bien / En los miércoles

⇨ **UNIDAD 3:** *LA FAMILIA BIEN, GRACIAS*

PRETEXTO: 39
La familia

CONTENIDOS GRAMATICALES   40
Presente de verbos en *e-ie*
Presentes de verbos irregulares
Verbos *querer* y *preferir*
Expresiones con *tener*
Preposiciones *a, de, en*
Los posesivos

PRACTICAMOS LA GRAMÁTICA   42

VOCABULARIO   45
Más números: 50-1001. La hora. La familia

ACTIVIDADES   47
I. De todo un poco
II. Así se habla: *Proponer, aceptar
     y rechazar un plan*
III En situación: *En el estanco*

COMO LO OYES   49
I. Ordenar diálogos
II. Escuchar y contestar preguntas

LEE   50
Actos culturales

ESCRIBE   50
Descripción de personas

ESO NO SE DICE   50
Pasear en / Isabel es 22 años

Índice de contenidos

⇨ **UNIDAD 4: ME GUSTA EL SOL**

PRETEXTO: 51
Las cuatro estaciones

CONTENIDOS GRAMATICALES   52
Gustar y verbos que funcionan igual
Presentes irregulares *o-ue*
Jugar
Demostrativos
Mucho y muy

PRACTICAMOS LA GRAMÁTICA   54

VOCABULARIO   57
Los meses del año. Las cuatro estaciones
El tiempo atmosférico. La temperatura

ACTIVIDADES   59
I. De todo un poco: tres actividades
II. Así se habla: *Gustos y aficiones*
III. En situación: *Proponer planes*

COMO LO OYES   61
I. Gustos
II. El clima

LEE   62
El tiempo atmosférico

ESCRIBE   62
Un anuncio para el periódico

ESO NO SE DICE   62
Tan mucho / Es depende

⇨ **REPASO DE UNIDADES 1, 2, 3 Y 4**   63
Pasatiempos

⇨ **UNIDAD 5: ¡QUÉ BUENO!**

PRETEXTO: 65
Somos lo que comemos

CONTENIDOS GRAMATICALES   66
Presentes irregulares: *Saber, dar, conocer,*
construir, pedir, decir
Perífrasis: *Ir a* + infinitivo:
Deber + infinitivo; *tener que, hay que*

PRACTICAMOS LA GRAMÁTICA   67

VOCABULARIO   70
Los alimentos

ACTIVIDADES   72
I. De todo un poco: Tres actividades
II. Así se habla: *Expresar opiniones*
III. En situación: *A la compra*

COMO LO OYES   75
I. Avisos en la playa
II. En la frutería

LEE   76
El aceite de oliva

ESCRIBE   76
Dejar recados

ESO NO SE DICE   76
Un otro / Creo no

⇨ **UNIDAD 6: ¿QUIÉN HA DICHO ESO?**

PRETEXTO: 77
La quinta ola

CONTENIDOS GRAMATICALES   78
Pretérito perfecto
Participios irregulares
Marcadores temporales de P. perfecto
Pronombres de objeto directo
Saber y Conocer

PRACTICAMOS LA GRAMÁTICA   79

VOCABULARIO   82
El cuerpo humano. Cuando te pasa algo

ACTIVIDADES   84
I. De todo un poco: tres actividades
II. Así se habla: *Preguntar si se sabe algo;*
    Contestar sí o no
III. En situación: *En el médico*

COMO LO OYES   87
I. Completar diálogos
II. Señalar la opción verdadera

LEE   88
Médicos sin fronteras

ESCRIBE   88
Enviar un correo electrónico

ESO NO SE DICE   88
Después tres horas
Un medio kilo

⇨ UNIDAD 7: ESTAMOS AVANZANDO

PRETEXTO   89:
Están creciendo en igualdad

CONTENIDOS GRAMATICALES   90
Estar + gerundio
Adjetivos y pronombres indefinidos
La comparación

PRACTICAMOS LA GRAMÁTICA   91

VOCABULARIO   94
La ropa. Los grandes almacenes

ACTIVIDADES   95
I. De todo un poco: tres actividades
II. Así se habla: *Decir a alguien que tiene o
    no razón*
III. En situación: *De compras*

COMO LO OYES   98
I. En el parque
II. Pedido de ropa

LEE   99
Rebajas

ESCRIBE   100
En la calle

ESO NO SE DICE   100
Como así / Tengo cumpleaños

⇨ UNIDAD 8: SER O ESTAR, ÉSTA ES LA CUESTIÓN

PRETEXTO: 101
Para saber dónde estamos
Para saber cómo somos

CONTENIDOS GRAMATICALES   102
Usos de *ser* y *estar*
Apócope del adjetivo

PRACTICAMOS LA GRAMÁTICA   103

VOCABULARIO   106
Adjetivos del carácter. Más números

ACTIVIDADES   108
I. De todo un poco: tres actividades
II. Así se habla: *Expresar sentimientos*
III. En situación: *En el restaurante*

COMO LO OYES   111
I. El aceite de oliva. II. Números

LEE   111
El vino en España

ESCRIBE   112
Anuncios de empleo

ESO NO SE DICE   112
Serioso / Cinco millón de pesetas

⇨ REPASO DE UNIDADES 5, 6, 7 Y 8   113

⇨ UNIDAD 9: SI TÚ ME DICES VEN

PRETEXTO: 115
La solidaridad da sentido a tu vida

CONTENIDOS GRAMATICALES   116
El imperativo
El imperativo y los pronombres
Las frases condicionales

PRACTICAMOS LA GRAMÁTICA   118

VOCABULARIO   120
Imperativo. Partes de una casa

ACTIVIDADES   122
I. De todo un poco: tres actividades
II. Así se habla: *pedir favores*
III. En situación: *por teléfono*

COMO LO OYES   125
I. Bailes caribeños. II. Cócteles refrescantes

LEE   126
Licoristas de España

ESCRIBE   126
Descripción de la casa

ESO NO SE DICE   126
*¿Es posible para mí? / ¿Puedo tener una
fotocopia?*

⇨ UNIDAD 10: HOY NO ME LEVANTO

PRETEXTO: 127
Aseo personal

CONTENIDOS GRAMATICALES   128
Verbos pronominales
Verbos reflexivos
Por y *para*

Índice de contenidos

PRACTICAMOS LA GRAMÁTICA 129

VOCABULARIO 132
Salud física y anímica
Muebles y adornos para la casa

ACTIVIDADES 135
I. De todo un poco: tres actividades
II. Así se habla: *pedir cosas*
III. En situación: *organizar una fiesta*

COMO LO OYES 137
I. Aspecto personal
II. Familia Caetano Maztlán

LEE 138
Los españoles

ESCRIBE 138
Correo para conocer gente de habla hispana

ESO NO SE DICE 138
Gracias para todo / Lavo mis manos

UNIDAD 11: *ÉRASE UNA VEZ*

PRETEXTO: 139
Recuerdos del pasado

CONTENIDOS GRAMATICALES 140
Pretérito imperfecto
Verbos regulares e irregulares
Las preposiciones de tiempo

PRACTICAMOS LA GRAMÁTICA 142

VOCABULARIO 145
La ropa. El hotel

ACTIVIDADES 147
I. De todo un poco: tres actividades
II. Así se habla: *concertar una cita*
III. En situación: *en el hotel*

COMO LO OYES 149
I. Canción "El lobito bueno"
II. Colombia

LEE 150
Santiago de Chile

ESCRIBE 150
Correo electrónico para información de hotel

ESO NO SE DICE 150
Son a las 10 horas
Hoy hablaba con Juan una hora

UNIDAD 12: *MI VIDA CAMBIÓ CUANDO*

PRETEXTO: 151
El pretérito indefinido

CONTENIDOS GRAMATICALES 152
Pretérito indefinido
Verbos regulares e irregulares
Desde y *hace* + cantidad de tiempo

PRACTICAMOS LA GRAMÁTICA 154

VOCABULARIO 157
Verbos que causan confusión. El paisaje

ACTIVIDADES 159
I. De todo un poco: tres actividades
II. Así se habla: *terminar una conversación*
III. En situación: *invitación a cenar*

COMO LO OYES 161
I. Alfred Nobel
II. Salvador Dalí

LEE 162
El euro

ESCRIBE 162
Un mal día

ESO NO SE DICE 162
Por la primera vez / Nunca he encontrado gente como así

REPASO DE UNIDADES 9, 10, 11 Y 12   163
Ejercicios y pasatiempos

GRABACIONES   165

APÉNDICE GRAMATICAL   174

GLOSARIO   183

UNIDAD PRELIMINAR

 PRETEXTO

ALFABETO

A		América, alumno
B (be)		bar, bueno, Bolivia
C (ce)	{ a, o, u, e, i	camarero, médico, Cuba, cuadro cerveza, cinco
Ch (ch)		coche, Chile
D (de)		difícil, despacio
E		Ecuador, ella
F (efe)		fábrica, Filipinas
G (ge)	{ a, o, u, e, i, ue, ui	delgado, gordo, Guatemala inteligente, gitano guerra, Guinea
H (hache)		Honduras, hamaca
I		Inglaterra, indígena
J (jota)		jardín, joven, jefe, jirafa
K (ca)		kilo
L (ele)		Lima, alto
Ll (elle)		Valladolid, calle
M (eme)		Málaga, mesa
N (ene)		Nicaragua, noche
Ñ (eñe)		mañana, niño
O		Orinoco, oso
P (pe)		Perú, problema
Q (cu)		que, Quito, arquitecto
R (ere)		pero, paraguas
Rr (erre)		perro, Navarra, república, Israel, Enrique
S (ese)		Salamanca, San Sebastián
T (te)		Tarragona, también
U		Uruguay, usted
V (uve)		vosotros, Venezuela
W (uve doble)		Washington
X (equis)		examen, próximo
Y (i griega)		yo, ley, y
Z (zeta)		Zaragoza, zorro, zumo

¡ATENCIÓN!

CA, QUE, QUI, CO, CU.	Casa, queso, quince (15), cocina, cuchara
ZA, CE, CI, ZO, ZU.	Zaragoza, cerveza, cinco, zorro, zumo
JA, JE/GE, JI/GI, JO, JU.	Jardín, jefe/gente, jirafa/gitano, joven, juntos
GA, GUE, GUI, GO, GU.	Garaje, guerra, guitarra, gordo, Guatemala
GÜE, GÜI.	Vergüenza, pingüino

La *b* y la *v* se pronuncian igual: botella, vino.
La *h* no se pronuncia: hotel, hospital, alcohol.
Vocales: a, e, i, o, u. **Consonantes:** b, s, n, t, h, c, etc.
ESTAS LETRAS SON **MAYÚSCULAS**; estas letras son **minúsculas**.

ACTIVIDADES

¿RECUERDAS EL NOMBRE?

LOCALIZA EN EL MAPA LOS PAÍSES QUE APARECEN EN EL ALFABETO.

COMO LO OYES

I. Completa.

Sevi__a, _otel, Espa__a, ami_o, __itarra, mu__o, te__ila, balon_esto, man_ana, má_imo, bi_icleta, _uacamole, Vene_uela, _abriel Ga_cía Már__ez, a__oz, __ocolate, __erdo, _omate, ca_é, _acao, a_teca, ra_a, a_er, _ofá, _eber, a_encia, extran_ero, En_ique, _osotros.

Deletrea estas palabras:

sofá, helicóptero, Sánchez, Javier, vosotros, Iñaki, gazpacho, paella, Euskadi, avance, fútbol.

COMUNICACIÓN

En la clase:

⊙ ¿Qué significa…? = ¿Qué quiere decir…?
⊙ ¿Cómo se escribe…?
⊙ ¿Cómo se pronuncia…?
⊙ ¿Puede escribir en la pizarra?
⊙ ¿Puede deletrear?

⊙ ¿Cómo? No entiendo.
⊙ ¿Puede repetir?
*⊙ Más despacio, por favor, no hablo mucho español. Soy extranjero.

INSTRUCCIONES

En grupos

Habla

Escucha

Escribe-completa

Lee

En parejas

COMO LO OYES

II. Señala las frases que oyes.

⊙ ¿Qué significa...?
⊙ ¿Qué quiere decir...?
⊙ ¿Cómo se escribe...?
⊙ ¿Cómo se pronuncia...?
⊙ ¿Puede escribir en la pizarra?
⊙ ¿Puede deletrear?
⊙ ¿ Cómo? No entiendo.
⊙ ¿Puede repetir?
⊙ Más despacio, por favor,
   no hablo mucho español. Soy extranjero.

Lee
Escucha
Escribe
Completa
Habla
En parejas
En grupos
¿Recuerdas el nombre?

UNIDAD 1

Ser o no ser

▭▭▭ PRETEXTO ▭▭▭▭▭▭▭▭▭▭▭▭▭▭▭▭▭▭▭▭

Soy **médico**

Soy una mujer de **Madrid**

Soy **madre**

Soy una mujer de **Tokio**

Soy **ecologista**

Soy **estudiante**

Soy **abogado**

Soy **profesora**

Y AHORA, TÚ:

CONTENIDOS GRAMATICALES

LOS PRONOMBRES PERSONALES SUJETO

yo	
tú	tú/vosotros (informal)
él/ella/usted	
nosotros/nosotras	usted/ustedes (formal)
vosotros/vosotras*	
ellos/ellas/ustedes	

* En América Latina no se usa la forma *vosotros/as*. El plural de *tú* es *ustedes*.

PRESENTE DEL VERBO SER

yo	soy	Olga López.
tú	eres	estudiante.
él/ella/usted	es	marroquí.
nosotros/nosotras	somos	estudiantes.
vosotros/vosotras	sois	inteligentes.
ellos/ellas/ustedes	son	jóvenes.

ASÍ SE PREGUNTA:

¿Quién es el director?   El señor Arenas.

¿Qué eres?   Soy arquitecto.

¿De dónde eres?   Soy de Puerto Rico.

¿Cómo es Buenos Aires?   Es una cuidad maravillosa.

¿Cuál es la capital de Honduras?   Tegucigalpa.

ADJETIVOS

Masculino	Femenino
-o italian**o**	-a italian**a**
-consonante español	+a español**a**
-e canadiense	
-a turista	
í iraní	

ADJETIVOS Y SUSTANTIVOS

Singular	Plural
-vocal inteligente	-s inteligente**s**
-consonante reloj	+es reloj**es**
-í iraní	+es iran**íes**
-z lápiz	-ces lápi**ces**
-s lunes	lunes

PRESENTE DE LOS VERBOS EN -AR

	ESTUDI-AR
yo	estudi-o
tú	estudi-as
el/ella/usted	estudi-a
nosotros/nosotras	estudi-amos
vosotros/vosotras	estudi-áis
ellos/ellas/ustedes	estudi-an

OTROS VERBOS EN -AR

Comprar	¿Qué compramos para cenar?
Necesitar	¿Qué necesitas para el viaje?
Hablar	¿Con quién hablas?
Escuchar	¿Cuándo escuchas la radio?
Desayunar	¿Qué desayunáis normalmente?
Tomar	¿ Qué tomáis: café o té?
Preguntar	¿Por qué no preguntas al profesor?
Contestar	¿Quién contesta al teléfono?
Deletrear	¿Cómo se deletrea tu nombre?
Acabar=Terminar	¿Cuándo termina la clase?
Cenar	¿Dónde cenamos hoy?
Trabajar	¿Cuántas horas trabajas cada día?
Pronunciar	¿Cómo se pronuncia *ejercicio*?
Fumar	¿Por qué fumas tanto?
Practicar	¿Qué deportes practicas?

⊙ ¿Dónde estudias?
○ En la universidad.

Practicar

Hablar

Trabajar

Preguntar

Desayunar

Comprar

Escuchar

Fumar

PRACTICAMOS LA GRAMÁTICA

I. RELACIONA.

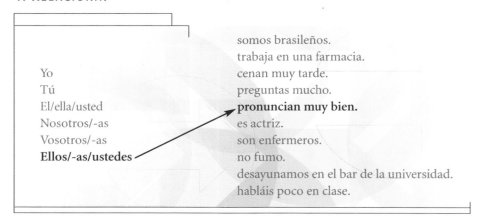

Yo
Tú
El/ella/usted
Nosotros/-as
Vosotros/-as
Ellos/-as/ustedes

somos brasileños.
trabaja en una farmacia.
cenan muy tarde.
preguntas mucho.
pronuncian muy bien.
es actriz.
son enfermeros.
no fumo.
desayunamos en el bar de la universidad.
habláis poco en clase.

II. COMPLETA LA FORMA CORRECTA DEL VERBO SER.

1. ⊙ ¿De dónde _____ usted?
   ○ _____ de Ecuador

2. ⊙ ¿Qué sois?
   ○ (Nosotros) _____ arquitectos.

3. ⊙ ¿Quién es?
   ○ (Ella) _____ Pilar.

4. ⊙ ¿Cómo es el profesor?
   ○ _____ muy agradable.

5. ⊙ ¿Eres de Lima?
   ○ Yo no _____ de Lima, _____ de Buenos Aires.

6. ⊙ ¿De qué material es el bolso?
   ○ _____ de plástico.

7. ⊙ ¿Quién _____ la profesora?
   ○ Marta Morales.

8. ⊙ ¿De dónde _____ vosotros?
   ○ _____ austríacos

9. ⊙ ¿Tú _____ de Chile?
   ○ No, _____ de Ecuador.

10. ⊙ Ellos no _____ españoles.
    ○ No, hablan con acento extranjero.

III. COMPLETA CON: DÓNDE, QUÉ, DE DÓNDE, CUÁL, QUIÉN, CÓMO, DE QUIÉN, DE QUÉ, CUÁNTOS/AS.

1. ⊙ ¿_____ es Juan Luis?
   ○ Alto, delgado, rubio y joven. Perfecto ¿no?

2. ⊙ ¿_____ trabaja Susana?
   ○ En Iberia, es azafata.

3. ⊙ ¿_____ es Antonio Banderas?
   ○ De Málaga.

4. ⊙ ¿_____ color es el coche de Aurora?
   ○ Negro,... no, no, azul oscuro.

5. ⊙ ¿_____ necesita un diccionario?
   ○ Yo, por favor.

6. ⊙ ¿_____ es tu desayuno favorito?
   ○ Café con leche y pan con aceite.

7. ⊙ ¿_____ horas trabaja Miguel?
   ○ Sólo cuatro al día.

8. ⊙ ¿_____ se dice OK en español?
   ○ Vale o de acuerdo.

9. ⊙ ¿_____ cigarrillos fumas?
   ○ Un paquete al día, más o menos.

10. ⊙ ¿_____ son Alberto y Ana?
    ○ Él es periodista y ella es médico.

IV. RELACIONA CADA PALABRA CON UN VERBO Y HAZ UNA FRASE.

Hablar: Juan habla cinco idiomas.

Necesitar: _____

Preguntar: _____

Escuchar: _____

Ser: _____

⇨ *al profesor, un diccionario, gordo, idiomas, rápido, ingeniero, música, papel, una dirección, la radio, el número de teléfono, antiguo, un mapa, despacio, el nombre*

V. PON EL VERBO EN LA FORMA CORRECTA.

1. ⊙ María nunca (preguntar) _____ en clase.
   ○ Es que es muy tímida

2. ⊙ ¿Cuántos idiomas (hablar) _____ Rocío?
   ○ Cinco: inglés, francés, alemán, ruso y español.

3. ⊙ Nosotros (practicar) _____ español en la calle.
   ○ Sí, pero los españoles (hablar)_____ muy rápido.

4. ⊙ ¿Qué (cenar, tú)_____ normalmente?
   ○ No mucho, un poco de queso y fruta.

5. ⊙ ¿Dónde (alquilar, ellos) _____ las motos?
   ○ En la secretaría de la escuela.

6. ⊙ ¿(Estudiar, vosotros)_____ mucho en casa?
   ○ Dos horas, más o menos.

7. ⊙ ¿Dónde (comprar, tú)_____ el periódico?
   ○ En el quiosco de la esquina.

8. ⊙ Tú nunca (escuchar)_____ cuando yo (hablar) _____
   ○ Perdón, pero eso no es verdad.

9. ⊙ ¿Dónde (trabajar, usted)_____?
   ○ En una oficina en el centro de México.

10. ⊙ ¿Dónde (comprar, vosotros) _____ la fruta?
    ○ En Mercasol, es un supermercado bueno y barato.

VI. ORDENA ESTAS FRASES.

1. soy / de / Yo / Marruecos
2. español / hablan / no / Ellos
3. un / María / piso / alquila
4. casa / desayunamos /en / Nunca
5. en / Pedro / un / trabaja / supermercado
6. dura / La / 2 / película / horas
7. nada / José / hora / la / una / piscina / en
8. toca / el / Isabel / bien / violín / muy
9. españoles / cenan / Los / tarde
10. habla / cuatro / Ángela / idiomas

VII. CONTESTA A LAS PREGUNTAS.

1. ¿Eres español? _____
2. ¿De dónde eres?_____
3. ¿Quién es ella? _____
4. ¿Cómo es Eduardo? _____
5. ¿De qué material es el bolso? _____
6. ¿Qué sois vosotros? _____
7. ¿De quién es el diccionario? _____
8. ¿Dónde está el Museo del Prado?_____
9. ¿Cómo se llama el profesor / la profesora? _____
10. ¿Dónde compramos las medicinas? _____

VOCABULARIO

I. PROFESIONES

actor/actriz
arquitecto/a
abogado/a
astronauta
camarero/a
cantante
director/a de cine
economista
ingeniero/a
jardinero/a
médico/a
mecánico
periodista
piloto
pintor/a
policía
profesor/a
secretario/a

II. ADJETIVOS CON SER. ¿Cómo es? Es...

El Camión, **1929 Frida Kahlo**

⇨ PARA LAS PERSONAS		⇨ PARA LAS PERSONAS Y COSAS		⇨ PARA LAS COSAS	
alto/a	bajo/a	moderno/a	antiguo/a	grande	pequeño/a
moreno/a	rubio/a	bueno/a malo/a		caro/a	barato/a
guapo/a ⟷		feo/a ⟷		bonito/a	
joven ⟷		viejo/a ⟷		nuevo/a	
gordo/a	delgado/a			fácil	difícil
trabajador/a	vago/a				
rico	pobre				
inteligente	torpe				

III. Colores.

¿De qué color es? Es...

amarillo
blanco/a
naranja
azul
verde
rojo/a
marrón
rosa
negro/a
gris

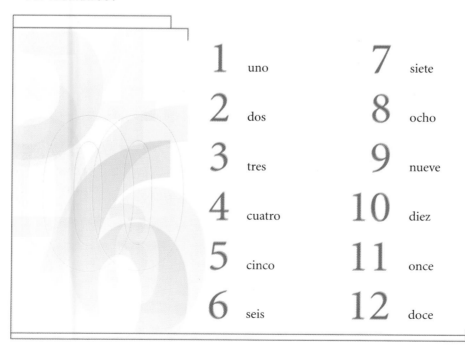

Rojo
como la
hojas de los
árboles

Gris
como el cielo
de otoño

Marrón
como
el chocolate
con churros

Violeta
como
las flores
secas

Negro
como tu
humor
de los
lunes

Azul
como las
noches
más
largas

¿Todavía opinas que el
otoño no tiene
color?

IV. Números.

1	uno	7	siete
2	dos	8	ocho
3	tres	9	nueve
4	cuatro	10	diez
5	cinco	11	once
6	seis	12	doce

EJERCICIOS

I. Completa. Usa todos los adjetivos del vocabulario I y II. Haz frases.

Paloma es _____   Alberto es _____   Pablo es _____   Juan es _____   Marta es _____

Mariano es _____   Irene es _____   José es _____   Javier es _____   Pablo es _____

II. Relaciona.

1. Dimitri es   rubios.
2. Los zapatos son   baratas.
3. La catedral es   alta.
4. Elena es   antigua.
5. El mar es   caro.
6. Inés Sastre es ──────────────▶   española.
7. El caviar es   bonito.
8. Elena y Blas son   moreno.
9. Las naranjas en España son   nuevos.
10. La escuela es   moderna.

III. Los colores de las banderas. Pregunta a tu compañero.

¿De qué color es la bandera de España? Roja y amarilla.

Argentina Bolivia Chile Colombia Costa Rica Cuba Ecuador El Salvador España Guatemala

Honduras México Panamá Paraguay Perú Puerto Rico Rep. Dominicana Uruguay Venezuela Nicaragua

ACTIVIDADES

DE TODO UN POCO

I. DESCRIBE A UNA DE LAS MUJERES DEL PRETEXTO. TUS COMPAÑEROS DEBEN SABER QUIÉN ES.

> Ejemplo: Es rubia, alta, delgada, moderna, guapa y simpática

II. EN EQUIPOS: ESCRIBID LAS RESPUESTAS A UNAS PREGUNTAS. EL EQUIPO CONTRARIO DEBE HACER LAS PREGUNTAS CORRECTAS. USAD LAS FORMAS INTERROGATIVAS QUE CONOCÉIS.

Juan es de Quito. ¿De dónde es Juan?
El libro es amarillo. ¿De qué color es el libro?
En una oficina. ¿Dónde trabajas?

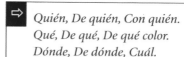
> *Quién, De quién, Con quién.*
> *Qué, De qué, De qué color.*
> *Dónde, De dónde, Cuál.*

III. PREGUNTA A UN COMPAÑERO CON ESTOS VERBOS:

Comprar	Escuchar	Preguntar	Trabajar	Desayunar	Hablar
Fumar	Cantar	Estudiar	Cenar	Terminar	Pronunciar
Practicar	Contestar	Necesitar	Nadar	Alquilar	Deletrear

ASÍ SE HABLA

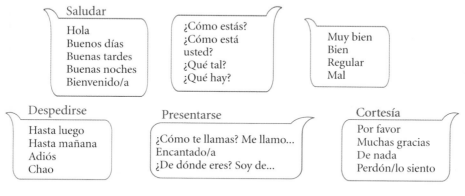

Saludar
Hola
Buenos días
Buenas tardes
Buenas noches
Bienvenido/a

¿Cómo estás?
¿Cómo está usted?
¿Qué tal?
¿Qué hay?

Muy bien
Bien
Regular
Mal

Despedirse
Hasta luego
Hasta mañana
Adiós
Chao

Presentarse
¿Cómo te llamas? Me llamo...
Encantado/a
¿De dónde eres? Soy de...

Cortesía
Por favor
Muchas gracias
De nada
Perdón/lo siento

⊙ Buenos días. Soy Agustín Carrero.
○ Bienvenido, señor Carrero.
⊙ Soy Carmen de la Fuente. ¿Cómo está usted?
○ Encantado, señora de la Fuente.
⊙ Hola, Manolo, ¿qué tal?
○ Bien. Mira, ésta es Cecilia.
⊙ Hola, Cecilia, ¿cómo estás?
○ Fantástico.
⊙ Tú no eres española, ¿no? ¿De dónde eres?
○ Soy argentina, de Buenos Aires.

TE TOCA

⊙ Saluda a tu compañero.
⊙ Saluda a tu profesor.
⊙ Pregunta a tus compañeros el nombre, la nacionalidad y la profesión.

EN SITUACIÓN

EN EL BAR (A DESAYUNAR)

C. Buenos días, ¿qué toman?
J. Yo, un café con leche, ¿y tú?
P. Yo, un zumo de naranja.
C. Ahora mismo.
P. ¡Ah! También dos bocadillos.
J. ¿De qué?
P. Yo, de queso, con un poco de mantequilla.
J. Yo, de jamón y queso, pero sin mantequilla.
C. ¿Algo más?
P. Sí, un agua mineral.
C. ¿Con gas o sin gas?
P. Sin gas, por favor.

J. ¿Cuánto es?
C. 7,2 euros.
P. ¿Puede escribirlo? No entendemos mucho español.
C. Sí, claro.
J. Muchas gracias.
C. De nada, hasta otro día.
J y P. Adiós.

COMO LO OYES

I. ESCUCHA Y SEÑALA LOS COLORES Y LOS NÚMEROS QUE OYES.

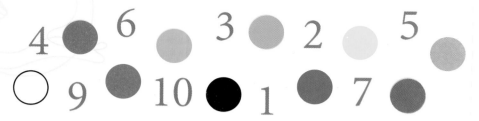

II. SEÑALA LAS PALABRAS QUE OYES EN EL DIÁLOGO.

A)
Buenas tardes   Hola
Regular   Muy bien
Buenos días   ¿Qué tal?
¿Cómo estás?   Bien, ¿y tú?

B)
¿Cómo estás?   No hay de qué
¿Qué tal?   Gracias
Regular
De nada

LEE

¿QUIÉN ES QUIÉN?

Karlos Arguiñano

COCINERO

Pedro Duque

ASTRONAUTA

Enrique Ponce

TORERO

Alejandro Sanz

CANTANTE

Fernando Hierro

FUTBOLISTA

Arturo Pérez Reverte

PERIODISTA Y
ESCRITOR

Javier Bardem

ACTOR

Antonio Canales

BAILAOR

Javier Sardá

PERIODISTA Y
PRESENTADOR

LEE Y RELACIONA.

Soy de Cádiz. Para mi trabajo necesito un micrófono y una buena guitarra. Los jóvenes escuchan mis canciones.

Soy andaluz. Para mi trabajo necesito unos buenos zapatos y música flamenca… Viajo y actúo por todo el mundo.

Soy de Madrid, pero trabajo en Estados Unidos. Para mi trabajo necesito una nave espacial. Viajo por el universo.

Soy de Valencia. Para mi trabajo necesito un toro. Viajo mucho por América latina. Mi trabajo es muy peligroso.

Soy de Murcia. Para mi trabajo necesito una pluma o un ordenador. Publico libros y artículos en los periódicos. Soy un buen marinero.

Soy de Málaga. Practico un deporte muy famoso. Necesito una pelota y un equipo. Represento a mi país en la Selección Nacional.

Soy de Las Palmas de Gran Canaria. Trabajo en el cine. Para mi trabajo necesito hablar y pronunciar muy bien. En Venecia gané un premio muy importante.

Soy de Guipúzcoa. Para mi trabajo necesito buenos ingredientes. Trabajo en la cocina de mi restaurante.

Soy de Barcelona. Trabajo en la radio y en la televisión. Hablo con muchas personas. Informo de la actualidad.

ESCRIBE

I. COMPLETA LAS PALABRAS QUE FALTAN Y ESCRIBE SU PROFESIÓN.

Me_____ Gerardo Buñuel. _____ de Chihuahua (México).
_____ en una escuela para extranjeros. Para _____ trabajo necesito
_____ y pronunciar bien el _____.
Soy _____ .

II. COMPLETA CON TUS DATOS PERSONALES.

TODOS NO SOMOS IGUALES

APELLIDOS: _____   NOMBRE: _____

NACIONALIDAD: _____   SEXO: _____

PROFESIÓN: _____   EDAD: _____

DIRECCIÓN: _____

TELÉFONO:_____

¿Dónde compra usted normalmente?_____
_____

¿Qué desayuna?_____
_____

¿Y qué cena? _____
_____

¿Qué tipo de programas escucha en la radio?_____
_____

¿Qué idiomas habla? _____
_____

¿Qué deportes practica? _____
_____

¿Adónde viaja de vacaciones? _____
_____

Eso no se dice:	Se dice:
Es no	No es
Martina es una directora	Martina es directora

UNIDAD 2

¿Qué día es hoy?

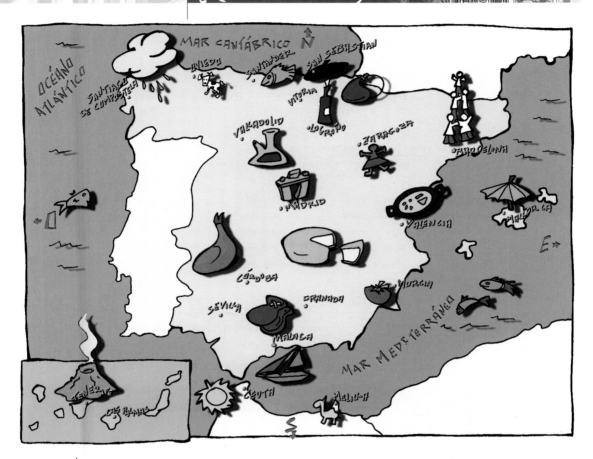

PRETEXTO

ELIGE LA RESPUESTA CORRECTA.

1. ¿Dónde está Valencia?
    a. Está en el centro.   b. Está en el sur.   c. Está en el este.

2. ¿Dónde está San Sebastián?
    a. Está en el este.   b. Está en el norte.   c. Está en el oeste.

3. ¿Dónde está Madrid?
    a. Está en el sur.   b. Está en el centro.   c. Está en el este.

4. ¿Cuántas ciudades españolas hay en África?
    a. Hay una.   b. Hay dos.   c. Hay tres.

5. ¿Dónde hay un volcán?
    a. En Tenerife.   b. En Menorca.   c. En Granada.

CONTENIDOS GRAMATICALES

EL ARTÍCULO

el	El coche de Ana está en el garaje.
la	La profesora se llama Juana Salcedo.
los	Los Pirineos están entre España y Francia.
las	Las estudiantes italianas son simpáticas.
un	Hay un bar cerca de aquí.
una	Una cerveza, por favor.
unos	En la puerta hay unos niños.
unas	Escribo unas cartas.

PRESENTE DEL VERBO ESTAR

yo	est-**oy**	cansado/a.
tú	est-**ás**	enfermo/a.
él/ella/usted	est-**á**	en casa.
nosotros/as	est-**amos**	aquí.
vosotros/as	est-**áis**	cerca.
ellos/ellas/ustedes	est-**án**	lejos.

ASÍ SE PREGUNTA:

¿Cómo estás?	Estoy bien (regular, mal).
¿Dónde está Luis?	Está en una fiesta.

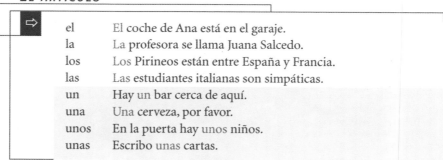

PARA PERSONAS, LUGARES O COSAS

¿Dónde **ESTAR** ← el, la, los, las + nombre personas? países, ríos, ciudades, ...?

El, la, los, las + nombre Personas ——→ **ESTAR** + (prep.) + lugar. Países, ríos, ciudades,...

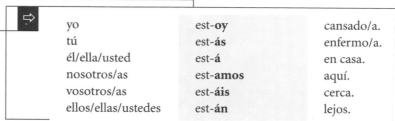

PARA COSAS

¿Dónde **HAY** ← un, una, unos, unas + nombre? numerales

HAY ← un, una, unos, unas + nombre / lugar. numerales

⊙ ¿Dónde **están los** servicios?
○ Al fondo, a la izquierda.
⊙ ¿Dónde **están los** Pirineos?
○ Están en el norte de España.
⊙ ¿Dónde **está Managua?**
○ Está en Centroamérica.

⊙ ¿Dónde **hay un** banco?
○ En esa calle, a la derecha
⊙ ¿Cuántos estudiantes **hay** en clase?
○ En la clase hay siete estudiantes.
⊙ ¿**Hay un** boli rojo aquí?
○ Sí, (el boli) está en la mesa.

A + EL = AL   Panamá está **al** sur de México.
DE + EL = DEL   El coche es **del** director.

PRESENTE DE LOS VERBOS REGULARES EN -ER y en -IR

COM-ER	
yo	com-o	poco.
tú	com-es	mucho.
él/ella/usted	com-e	a las 14 h.
nosotros/as	com-emos	despacio.
vosotros/as	com-éis	tarde.
ellos/ellas/ustedes	com-en	rápido.

VIV-IR	
viv-o	en Málaga.
viv-es	cerca.
viv-e	solo/a.
viv-imos	en Caracas.
viv-ís	lejos.
viv-en	en un pueblo.

POD-ER
Irregular

puedo
puedes
puede
podemos
podéis
pueden

PODER + INFINITIVO

No podemos comer en clase.
Elisa no puede comer en casa porque trabaja a mediodía.
¿Puede repetir?
¿Puedes cerrar la ventana?

OTROS VERBOS EN -ER:

Comer	¿Dónde coméis a mediodía?
Beber	¿Qué beben los mexicanos?
Vender	¿Qué venden en la farmacia?
Ver	¿Cuándo ves la tele?
Coger	¿Qué autobús coges* normalmente?
Leer	¿Qué periódicos lees?
Creer	¿Dónde crees que está Bilbao?

OTROS VERBOS EN -IR:

Vivir	¿Dónde vives?
Escribir	¿Por qué escribes con boli verde?
Recibir	¿Cuántas cartas recibes al día?
Subir	¿Subimos por las escaleras?
Abrir	¿Por qué no abres la ventana?

*En Hispanoamérica, *coger* se dice *tomar.*

leer

beber

comer

subir

ver

oír

coger

escribir

PRACTICAMOS LA GRAMÁTICA

I. COMPLETA CON *UN, UNA, UNOS, UNAS, EL, LA, LOS, LAS*.

1. ⊙ ¿Dónde está _____ cine Victoria, por favor?
   ○ En _____ plaza de la Merced.
2. ⊙ Hay _____ chica en _____ puerta.
   ○ Sí, es _____ hija de Roberto.
3. ⊙ ¿Dónde está el Teide?
   ○ Me parece que en Tenerife.
4. ⊙ ¿Dónde hay _____ buena biblioteca?
   ○ En _____ centro.
5. ⊙ Buenos días, ¿qué desea?
   ○ _____ vino tinto, por favor.

6. ⊙ ¿De dónde es _____ profesora?
   ○ De Valencia, creo.
7. ⊙ En San Sebastián hay _____ playa **preciosa**.
   ○ La Concha, ¿no?
8. ⊙ ¿Cuál es _____ capital de Ecuador?
   ○ Quito.
9. ⊙ ¿Qué hay en esta bolsa?
   ○ _____ papeles muy importantes.
10. ⊙ Aquí hay _____ ruido horrible.
    ○ Sí, hay _____ fiesta en _____ primer piso.

PARA ACLARAR LAS COSAS

⬤ Preciosa: *muy bonita.*

II. COMPLETA CON LA FORMA CORRECTA DEL VERBO *ESTAR*.

1. ⊙ ¿Y los lápices?
   ○ _____ encima de mi mesa.
2. ⊙ Oye, Correos ¿ _____ cerca?
   ○ En autobús, a diez minutos.
3. ⊙ ¿ _____ Alicia?
   ○ No, ahora _____ en clase.
4. ⊙ Argentina y México _____ en América del Sur.
   ○ México, no.
5. ⊙ ¿En qué estantería _____ los libros de filosofía?
   ○ En la número siete.

6. ⊙ Por favor, ¿dónde _____ los servicios?
   ○ Allí, al fondo del pasillo.
7. ⊙ ¿Y tus padres?
   ○ _____ en Santander, de vacaciones.
8. ⊙ Oye, ¿dónde _____ Mario y Javier?
   ○ En Bogotá.
9. ⊙ ¿Sabes dónde _____ el museo?
   ○ Detrás de la catedral.
10. ⊙ ¿Y el profesor?
    ○ _____ en el despacho del director.

III. FORMA FRASES UNIENDO ESTOS ELEMENTOS:

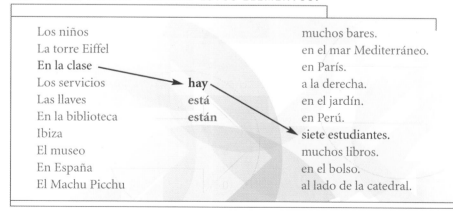

Los niños		muchos bares.
La torre Eiffel		en el mar Mediterráneo.
En la clase		en París.
Los servicios	**hay**	a la derecha.
Las llaves	**está**	en el jardín.
En la biblioteca	**están**	en Perú.
Ibiza		siete estudiantes.
El museo		muchos libros.
En España		en el bolso.
El Machu Picchu		al lado de la catedral.

IV. COMPLETA CON *ES, SON, ESTÁ, ESTÁN, HAY.*

Ésta _____ una descripción de la Plaza de la Merced. En el centro _____ un monumento; alrededor _____ muchos árboles, pero no _____ muy altos. A la izquierda _____ una fuente. _____ tres quioscos: uno _____ la oficina de Información y Turismo; otro _____ un bar. En la esquina _____ la casa natal de Picasso. Allí _____ un museo.

Al lado de la casa de Picasso _____ muchos bares y también _____ una librería. Enfrente _____ el mercado. A la derecha _____ dos cines.

Doña Queti y su hija Pili _____ las dueñas del estanco. Hoy _____ muchos niños en la plaza porque _____ fiesta y no _____ clase. A la derecha _____ un perro encima de un banco. También _____ dos farmacias. La farmacia Bustamante _____ muy antigua.

Yo creo que _____ una plaza muy bonita y agradable.

V. COMPLETA CON LA FORMA CORRECTA DE LOS VERBOS.

1. ⊙ Nosotros no (comprender) _____ mucho español.
   ○ Nosotros, tampoco.
2. ⊙ Los mexicanos (beber) _____ tequila.
   ○ Sí, con sal y limón.
3. ⊙ ¿Dónde (vivir) _____ vosotros?
   ○ Cerca de la estación de autobuses.
4. ⊙ ¿A qué hora (abrir) _____ las tiendas?
   ○ A las 10 de la mañana.
5. ⊙ García Márquez (escribir) _____ muy bien.
   ○ Estoy de acuerdo.
6. ⊙ Aurora (leer) _____ un libro cada semana.
   ○ Yo leo tres o cuatro al año.
7. ⊙ ¿(Ver, tú) _____ la tele por las noches?
   ○ No, (escuchar, yo) _____ la radio.
8. ⊙ ¿(Poder, tú) _____ hablar más despacio, por favor?
   ○ Sí, perdona.

VI. ORDENA ESTAS FRASES:

1. cuaderno / la / de / El / mesa / encima / está
2. profesor / de / pizarra / la / El / delante / está
3. coge / 8 / a / Pilar / autobús / las / en / el / punto
4. 17 / clase / Hay / la / en / estudiantes
5. al / Los / están / pasillo / servicios / del / fondo
6. pasta / italianos / comen / Los
7. cartas / Yo / escribo / nunca
8. La / centro / el / está / escuela / en
9. un / Allí / sacapuntas / hay
10. bolígrafo / escribe / no / El

VII. CONTESTA A ESTAS PREGUNTAS. PUEDES AYUDARTE CON EL MAPA DEL PRETEXTO.

1. ¿Dónde está Barcelona?
2. ¿Cuántos estudiantes hay en clase?
3. ¿Dónde estudiáis?
4. ¿Qué tal estás?
5. ¿Cuál es la capital de tu país?
6. ¿Por qué ciudad pasa el río Ebro?
7. ¿Dónde están las islas Baleares?
8. ¿Dónde vives?
9. ¿Cómo se llama el/la profesor/a?
10. ¿Podéis fumar en clase?

▭▬　V O C A B U L A R I O

I. ¿DÓNDE ESTÁ?

a.

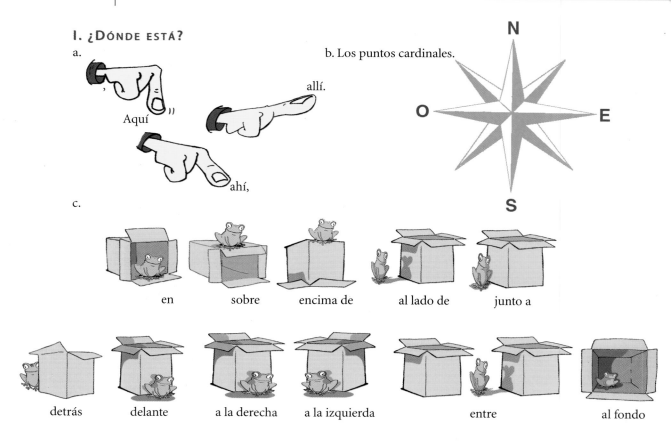

Aquí

allí.

ahí,

b. Los puntos cardinales.

c.

en　　　sobre　　　encima de　　　al lado de　　　junto a

detrás　　　delante　　　a la derecha　　　a la izquierda　　　entre　　　al fondo

II. LA CLASE:

El cuaderno	La puerta
La papelera	El lápiz
La pizarra	La tiza
La silla	El borrador
El bolígrafo	La goma
La ventana	La carpeta
	El sacapuntas
	El libro

III. LOS NÚMEROS:

11 once	21 veintiuno	31 treinta y uno	41 cuarenta y uno
12 doce	22 veintidós	32 treinta y dos	42 cuarenta y dos
13 trece	23 veintitrés	33 treinta y tres	43 cuarenta y tres
14 catorce	24 veinticuatro	34 treinta y cuatro	44 cuarenta y cuatro
15 quince	25 veinticinco	35 treinta y cinco	45 cuarenta y cinco
16 dieciséis	26 veintiséis	36 treinta y seis	46 cuarenta y seis
17 diecisiete	27 veintisiete	37 treinta y siete	47 cuarenta y siete
18 dieciocho	28 veintiocho	38 treinta y ocho	48 cuarenta y ocho
19 diecinueve	29 veintinueve	39 treinta y nueve	49 cuarenta y nueve
20 veinte	30 treinta	40 cuarenta	50 cincuenta

IV. LOS DÍAS DE LA SEMANA:

LUNES MARTES MIÉRCOLES JUEVES VIERNES SÁBADO DOMINGO

EJERCICIOS

I. ¿CÓMO SE LLAMAN Y DÓNDE ESTÁN LAS COSAS DE LA CLASE?

II. MIRANDO EL PLANO, DI SI ESTAS AFIRMACIONES SON VERDADERAS O FALSAS:

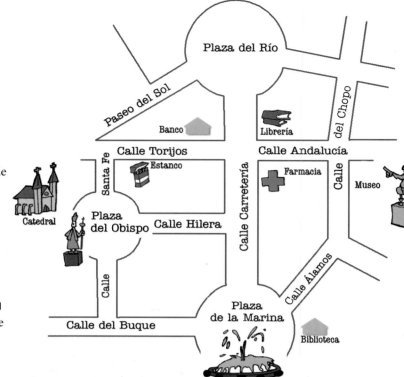

1. La biblioteca está en la plaza de la Marina. ❏
2. El museo está al lado de la biblioteca. ❏
3. La farmacia está cerca del museo. ❏
4. La librería está enfrente de la farmacia. ❏
5. El estanco está en una plaza. ❏
6. La catedral está a la derecha de la biblioteca. ❏
7. El banco está a la izquierda de la farmacia. ❏

III. AQUÍ TIENES UNOS NÚMEROS DE TELÉFONO ÚTILES. PREGUNTA POR ALGUNO DE ELLOS A TU COMPAÑERO. PUEDES HACER LO MISMO CON EL PAÍS DONDE ESTÁS ESTUDIANDO ESPAÑOL.

⊙ ¿Cuál es el número del aeropuerto?
O Es el nueve cinco dos, cero cuatro ocho, ocho cero cuatro.

952 es el prefijo de Málaga.
Los teléfonos que empiezan por 900 son gratuitos.

Bomberos	080	Policía (urgencias)	091	Emergencias sanitarias	061
Aeropuerto	952 048 804	Puerto	952 219 595	Estación de autobuses	952 350 061
Hospital	952 390 400	Taxi	952 333 333	RENFE	902 240 402
Tel. del niño	900 210 800	Gas ciudad	900 210 481	Pérdida tarjeta VISA	913 626 200

IV. CONTESTA A ESTAS PREGUNTAS:

1. ¿Qué día es hoy? _____
2. ¿Y mañana? _____
3. ¿Y ayer? _____
4. ¿Qué día hay mucha gente en la discoteca? _____
5. ¿Cuál es el primer día de la semana? _____
6. ¿Qué día termina la semana? _____
7. ¿Qué día está en mitad de la semana? _____

DE TODO UN POCO

I. ¿QUÉ VES? DESCRIBE EL DIBUJO.

Usa los verbos y adjetivos que ya conoces
y las formas de localización.

II. JUGAMOS A CALIENTE O FRÍO.

Hay un objeto perdido. Tus compañeros
saben dónde está.
Pregúntales para localizarlo. Ellos sólo
pueden contestar *caliente* o *frío*.

 *enfrente, encima, debajo, a la
izquierda, a la derecha*

III. CON ESTOS VERBOS, HAZ UNA PREGUNTA CORRECTA A UN COMPAÑERO:

Comer   Vivir   Poder   Beber   Escribir   Vender   Recibir   Subir   Leer   Abrir   Ver   Creer

ASÍ SE HABLA

Preguntar direcciones:

¿Dónde está la calle Soria?
Por favor, ¿para ir a la calle Soria?

Dar direcciones:

La primera a la izquierda / Todo recto /
La primera a la derecha y después, la
segunda a la izquierda.

Pedir, dar o no dar permiso:

○ **¿Puedo** fumar aquí?
⊙ Sí, por supuesto.
⊙ Lo siento, está prohibido.
○ **¿Podemos** abrir la ventana?
⊙ Sí, por supuesto.
⊙ No, hace mucho frío.

Pedir un favor:

¿Puedes hablar un poco más alto, por favor?
¿Puede repetir, por favor?
¿Podéis hablar un poco más bajo, por favor?
¿Pueden ustedes cerrar la puerta?

TE TOCA

- ⊙ Pregunta a tu compañero dónde vive y cómo se va de la escuela a su casa.
- ⊙ Pregúntale dónde trabaja normalmente.
- ⊙ Pide permiso al profesor para ir al servicio.
- ⊙ Pide un favor a tus compañeros.

EN SITUACIÓN

⊙ Perdone, señora, **para ir a** la catedral?
○ Muy fácil: esta calle, todo recto hasta el final y la primera a la derecha.
⊙ Muchas gracias.
___

⊙ ¿El estadio, por favor?
○ No sé, no soy de aquí.

⊙ ¿Es usted de aquí?
○ Sí.
⊙ Bien. ¿Para ir al estadio?
○ Todorecto300metrosdespuéslaprimeracallealaderecha...
⊙ ¿Puede hablar más despacio? No entiendo mucho español.
○ Por supuesto, vamos a ver... Es mejor el autobús 32. La parada está muy cerca: la primera calle a la izquierda. El estadio está en la tercera... no, no, en la cuarta parada.
⊙ Muchas gracias. Muy amable.
○ No hay de qué.

TE TOCA

⇨
⊙ ¿Dónde está la secretaría de la escuela?
⊙ Para ir al museo provincial.
⊙ Para ir a la piscina cubierta.

COMO LO OYES

I. SEÑALA LOS NÚMEROS Y LOS DÍAS QUE OYES.

42   32   18 lunes   15 miércoles
sábado
jueves

21 martes   12   domingo   17   24
39   viernes

II. COMPLETA LOS DIÁLOGOS.

⊙ Por favor, ¿para ir a la _____ de la Libertad?
○ Es _____ fácil: la segunda _____ a la izquierda.
⊙ Muchas gracias.
___

⊙ Buenos _____, ¿el despacho del _____ Rosales, por favor?
○ La primera _____ a la derecha.
⊙ Perdone, ¿ _____ hablar más alto?
○ _____, la primera puerta a la derecha.
⊙ Muchas gracias.
○ De nada._____, buenos días.
___

⊙ Por favor, ¿puede _____ la respuesta?
○ Sí, por supuesto: Los Pirineos _____ entre Francia y España.
⊙ Muchas gracias.
○ _____

LEE

España **está** en el sudoeste de Europa, en la península Ibérica. Limita con Francia, Portugal y Andorra. La capital **es** Madrid, que **está** en el centro del país. En España **hay** diecisiete comunidades autónomas. España **es** una monarquía parlamentaria; Juan Carlos I **es** el rey.

En España **hay** más de treinta y nueve millones de habitantes, y cuatro lenguas oficiales: español, gallego, vasco o euskera y catalán.

Hay dos archipiélagos: las islas Baleares en el Mediterráneo y las Canarias en el Atlántico. Ceuta y Melilla **son** dos ciudades españolas en el norte de África.

Los principales ríos **son**: el Duero, el Tajo, el Guadiana y el Guadalquivir (océano Atlántico) y el Ebro (mar Mediterráneo).

Ciudades importantes **son**: Barcelona, Bilbao, Valencia, Sevilla y Zaragoza. Málaga **es** la capital de la Costa del Sol. Salamanca **es** una ciudad monumental, con una universidad muy antigua. En San Sebastián tiene lugar el Festival Internacional de cine.

El turismo **es** el principal recurso económico. Además, España exporta naranjas, aceite de oliva, plátanos, calzado, guitarras, etcétera.

CONTESTA A ESTAS PREGUNTAS:

¿Cuántas comunidades autónomas hay en España? _____

_____

¿Cuáles son las lenguas oficiales? _____

_____

¿Qué lugares de España no están en la península Ibérica? _____

_____

HAZ LAS PREGUNTAS:

¿ _____ ?
Es Madrid.

¿ _____ ?
Juan Carlos I.

¿ _____ ?
Hay cuatro lenguas oficiales.

¿ _____ ?
Ceuta y Melilla están en el norte de África.

¿ _____ ?
Málaga.

ESCRIBE

UTILIZANDO ESTOS DATOS, ESCRIBE SOBRE BOLIVIA.
USA *ES, SON, ESTÁ, ESTÁN, HAY.*

Capitales: La Paz y Sucre. Moneda: peso boliviano.

Sistema político: república. Lenguas oficiales: español, aymara y quechua.

El 40% de la población no habla español.

Población: casi ocho millones de habitantes (7 hab./ km²).

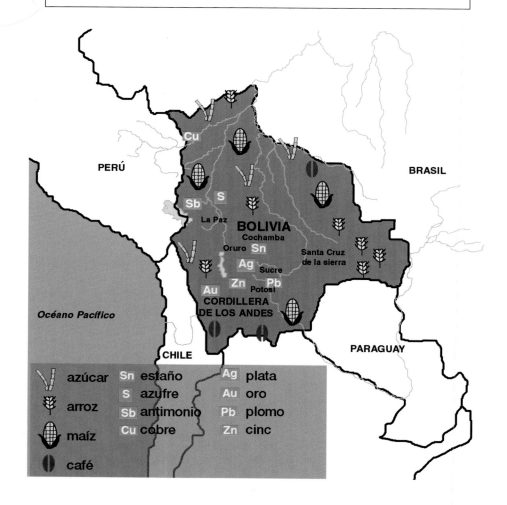

Eso no se dice:
~~Es~~ bien.
~~En~~ los miércoles voy al cine.

Se dice:
Está bien.
Los miércoles voy al cine.

UNIDAD 3

La familia bien, gracias

PRETEXTO

¿Dónde está Rita?   ¿Cuántos años crees que tiene Rita ?

¿Tienes animales en casa ?   ¿Cómo es Rita?   ¿Qué hace Rita?

CONTENIDOS GRAMATICALES

PRESENTE DE LOS VERBOS CON CAMBIO *E ⇨ IE*

EMPEZ-AR
empiez-o
empiez-as
empiez-a
empez-amos
empez-áis
empiez-an

QUER-ER
quier-o
quier-es
quier-e
quer-emos
quer-éis
quier-en

PREFER-IR
prefier-o
prefier-es
prefier-e
prefer-imos
prefer-ís
prefier-en

¿A qué hora empiezan las clases?

¿Para qué quieres el paraguas, si no llueve?

¿Qué tipo de música prefieres?

Cerrar: ¿Por qué en España cierran las tiendas a mediodía?

Pensar: ¿Qué piensas de este libro?

Entender: ¿Entiendes de informática?

Perder: ¿Pierdes normalmente el autobús?

Sentir: ¿Cuándo sientes tristeza?

OTROS VERBOS IRREGULARES

VENIR
vengo
vienes
viene
venimos
venís
vienen

HACER
hago
haces
hace
hacemos
hacéis
hacen

SALIR
salgo
sales
sale
salimos
salís
salen

¿Qué haces los fines de semana?

¿Dónde pongo las bolsas del súper?

¿Cuántos años tiene el rey?

¿De dónde viene la expresión OK?

¿Por qué no salimos esta noche?

¿Cuándo traen la tele nueva?

¿Adónde vais esta tarde?

IR
voy
vas
va
vamos
vais
van

TRAER
traigo
traes
trae
traemos
traéis
traen

TENER
tengo
tienes
tiene
tenemos
tenéis
tienen

PONER
pongo
pones
pone
ponemos
ponéis
ponen

QUERER / PREFERIR + INFINITIVO

⊙ ¿Quieres jugar al tenis?

○ No, prefiero nadar.

TENER

fiebre

miedo

prisa

años

sueño

frío

calor

LAS PREPOSICIONES

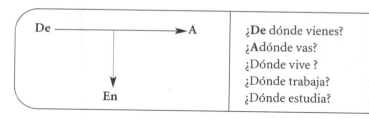

De ─────────→ A	¿**De** dónde vienes?	De la farmacia.
	¿**Adónde** vas?	Al supermercado.
	¿Dónde vive ?	En París.
En	¿Dónde trabaja?	En un banco.
	¿Dónde estudia?	En el instituto.

⇨		viaje	⊙ ¿El señor Goñi, por favor?
	ESTAR DE		○ Está de viaje.
		vacaciones	● Marisa y Juan están de vacaciones.
⇨		País	⊙ ¿De dónde eres?
	SER DE		○ Soy de Colombia.
		Posesión	⊙ ¿De quién es el móvil?
			○ Es de Ismael.
		Material	⊙ ¿De qué es esta papelera?
			○ Es de plástico.

Posesivos

PRONOMBRES ¿De quién es ......?			
Masculino singular	*Femenino singular*	*Masculino plural*	*Femenino plural*
mío	mía	míos	mías
tuyo	tuya	tuyos	tuyas
suyo	suya	suyos	suyas
nuestro	nuestra	nuestros	nuestras
vuestro	vuestra	vuestros	vuestras
suyo	suya	suyos	suyas

⊙ ¿De quién es este coche*?
○ Es mío.

⊙ ¿De quién es el perro?
○ Es nuestro.

*En algunos países de Hispanoamérica al *coche* se le llama el *carro*.

ADJETIVOS			
Masculino singular	*Femenino singular*	*Masculino plural*	*Femenino plural*
mi	mi	mis	mis
tu	tu	tus	tus
su	su	sus	sus
nuestro	nuestra	nuestros	nuestras
vuestro	vuestra	vuestros	vuestras
su	su	sus	sus

⊙ ¿Y **tus** padres*?
○ Están de viaje.

⊙ ¿Quiénes son?
○ **Nuestros** vecinos.

*En algunos países de Hispanoamérica a los *padres* se les llama los *papás*.
*En Hispanoamérica al *ordenador* se le llama la *computadora*.

PRACTICAMOS LA GRAMÁTICA

I. COMPLETA.

1. ⊙ ¿Dónde (poner, yo)_____el paraguas?
   ○ En la entrada.

2. ⊙ ¿Qué (pensar, tú) _____de Rosa?
   ○ Es muy simpática ¿no?

3. ⊙ ¿Adónde (ir, tú) _____ ?
   ○ Al médico, con mi madre.

4. ⊙ ¿Cuándo (salir) _____tu tren?
   ○ Pasado mañana, a las cinco.

5. ⊙ ¿Qué (hacer, vosotros)_____ aquí?
   ○ (Tener, nosotros)_____un problema.

6. ⊙ ¿Qué (traer, tú)_____ en la bolsa?
   ○ El diccionario y los libros de Román.

7. ⊙ **Mª** Pilar siempre (perder)_____ el avión.

   ○ Sí, **es que** es muy **impuntual.**

8. ⊙ ¿De dónde (venir, vosotros)_____?

   ○ De una fiesta en casa de Julia.

9. ⊙ ¿(Querer, tú)_____tomar una copa con nosotros?

   ○ No, gracias, hoy (preferir, yo)_____ir al cine.

10. ⊙ ¿Sabes que mi hermano está en el hospital?

   ○ Lo (sentir, yo)_____

PARA ACLARAR LAS COSAS

● Mª: María; *en España muchas mujeres se llaman María + otro nombre.*
Es que...: *porque...*
Impuntual: *que siempre llega tarde.*

II. COMPLETA EL TEXTO CON LOS VERBOS QUE ESTÁN ENTRE PARÉNTESIS.

Mi amigo Carlos y yo (vivir) _____ juntos. Él (ser) _____ profesor de informática. (Tener, él) _____ 32 años y (salir) _____ con Patricia, una chica muy agradable. Por las mañanas, (trabajar) _____ en una empresa de publicidad y, por las tardes, (dar) _____ clases particulares.
        Yo (estudiar) _____ cuarto de biológicas, y (ir) _____ a clase por las tardes. Por eso, normalmente yo (preparar) _____ la comida y él (fregar) _____ los platos. Los fines de semana nosotros (hacer) _____ fiestas en casa, (venir) _____ muchos amigos y (traer) _____ bebidas. Entre semana (preferir) _____ estar en casa; (ver) _____ la tele, si hay partido de fútbol **u** (oír)_____ la radio. Entre nosotros no hay problemas. ¡Ah! Yo me llamo Javier.

PARA ACLARAR LAS COSAS

● U = o: *se escribe **u** cuando la palabra siguiente empieza por **o**, o por **ho**.*

III. COMPLETA CON LA PREPOSICIÓN CORRECTA.

1. ⊙ ¿Dónde vives?
   ○_____ Managua.

2. ⊙ ¿Qué haces este fin de semana?
   ○ Voy_____ Madrid.

3. ⊙ ¿De dónde es Yolanda?
   ○_____ Burgos.

4. ⊙ ¿De quién es el perro?
   ○_____ mi hermano.

5. ⊙ ¿De dónde sale el autobús?
   ○_____ puerto.

6. ⊙ ¿Dónde trabaja Eduardo?
   ○_____ una librería.

7. ⊙ ¿Dónde está Julia?
   ○_____ vacaciones, _____ Italia.

8. ⊙ ¿Son _____ oro tus pendientes?
   ○ No, son bisutería.

9. ⊙ ¿De dónde vienes?
   ○ _____ supermercado.

10. ⊙ ¿Salimos _____ el jardín?
   ○ Sí. ¡Qué buena idea!

IV. Relaciona las dos columnas.

Abrimos la ventana.	Tiene sueño.
Tienen cuidado.	Tienen frío.
No tiene carné de conducir.	Tengo hambre.
Bebéis agua.	**Tenemos calor.**
Preparo un bocadillo.	La carretera es peligrosa.
Va a la cama.	Llegas tarde.
Encienden el radiador.	Tiene miedo.
Tienes prisa.	No tengo ganas.
No viaja en avión.	Tenéis sed.
Hoy no estudio.	Tiene 14 años.

porque

V. Transforma las frases.

Juan tiene un hermano.　　　　Es su hermano.

1. Tiene dos amigos peruanos. _____

2. Tenemos dos casas. _____

3. Tenéis una empresa. _____

4. Tienen dos socios uruguayos. _____

5. Tengo unas tijeras. _____

6. Tienes dos gatos. _____

7. Tenemos un coche. _____

8. Tenéis dos diccionarios. _____

VI. Ordena las frases.

1. abuelos / argentinos / Sus / son _____

2. vive / en / Nicaragua / hermana / Su _____

3. de / padres / Nuestros / viaje / están _____

4. cristal / vaso / de / El / es _____

5. hijo / llama / Ernesto / se / Nuestro _____

6. habitaciones / derecha / están / la / Vuestras / a _____

7. cama / porque / Luis / la / en / fiebre / está / tiene _____

VII. Contesta a estas preguntas:

1. ¿De dónde es Fidel? _____

2. ¿Dónde trabaja Antonio? _____

3. ¿De qué material es tu chaqueta? _____

4. ¿Adónde vas? _____

VOCABULARIO

I. MÁS NÚMEROS:

50	cincuenta	100	cien	200	doscientos/as
51	cincuenta y uno	101	ciento uno	300	trescientos/as
60	sesenta	112	ciento doce	400	cuatrocientos/as
62	sesenta y dos	123	ciento veintitrés	500	quinientos/as
70	setenta	134	ciento treinta y cuatro	600	seiscientos/as
73	setenta y tres	145	ciento cuarenta y cinco	700	setecientos/as
80	ochenta	156	ciento cincuenta y seis	800	ochocientos/as
84	ochenta y cuatro	167	ciento sesenta y siete	900	novecientos/as
90	noventa	178	ciento setenta y ocho	1000	mil
95	noventa y cinco	189	ciento ochenta y nueve	1001	mil uno/a

II. LA HORA:

¿Qué hora es?

| Las nueve en punto | La una y cuarto | Las cuatro y media | Las ocho menos cuarto | Las nueve menos veinticinco | Las diez y veinte |

III. La familia.

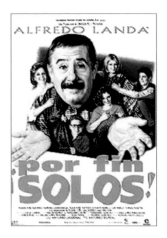

Arturo Galdós, el **padre** de la familia, es escritor. La **madre**, Elena, es ama de casa. Con ellos viven sus cuatro **hijos:**

Tedy, el **hijo** mayor, vive con su **novia** Carla, pero tiene problemas con ella y vuelve a casa de sus **padres.** Su **hermana** Vera es psicóloga, pero todavía no tiene trabajo. Nico, el tercero de los **hijos,** quiere ser músico. Su **novia** se llama Marisa.

Sara, la **hija** menor, estudia Biología y es ecologista y amante de los animales, especialmente de su tortuga Fifí. Elena y su **marido** quieren vivir tranquilos, pero sus **hijos** no quieren salir de casa. Los dos intentan, por distintos medios, vivir ¡Por fin solos!

Más vocabulario de la familia:

marido y mujer	padres (el padre, la madre)	hermanos (hermano, hermana)
tíos (tío, tía)	sobrinos (sobrino, sobrina)	abuelos (abuelo, abuela)
nietos (nieto, nieta)	primos (primo, prima)	novios* (novio, novia)

* En Hispanoamérica a los *novios* se les llama *enamorados*.

Estado civil:

soltero/a, casado/a, viudo/a, separado/a, divorciado/a

EJERCICIOS

I. Escribe estos números:

1. En este autocar caben 58 _____ pasajeros.
2. En esta escuela hay 459 _____ estudiantes.
3. El abuelo de Mercedes tiene 86 _____ años.
4. Mi hermano mide 1m, 92 _____ cm.
5. De Málaga a Madrid hay 550 _____ km.
6. Yo tengo 38 _____ años.
7. Isabel pesa 53 _____ kilos.
8. El diccionario tiene 728 _____ páginas.

II. ESCRIBE LA HORA DEBAJO DE CADA RELOJ.

_____   _____   _____   _____   _____

III. COMPLETA:

1. El padre de mi padre es mi _____
2. La hermana de mi madre es mi _____
3. El hijo de mi hermana es mi _____
4. Los hijos de mis tíos son mis _____
5. Mi madre y mi padre están _____

 ACTIVIDADES

DE TODO UN POCO

I. VUESTRO AMIGO IMAGINARIO

Entre todos los alumnos imagináis un/a amigo/a
español/a o latinoamericano/a.

Pensáis en:

Su nombre	Se llama _____
Sus dos apellidos	Se apellida _____
Su nacionalidad	Es _____
Su edad	Tiene _____
Su estado civil	Está _____
Su profesión	Es _____
Su dirección	Vive en _____
Su descripción física	Es _____
Su carácter	Es _____

II. Haz preguntas a tus compañeros relacionando las tres columnas.

⊙ ¿Cuándo va Nacho a la peluquería?
○ Una vez al mes.

Nacho	salir con sus amigos	por las noches.
Esperanza	preparar una paella	los domingos.
Arturo	ir a la peluquería	todos los días.
Mariano	**tener resaca**	los fines de semana.
Inma	cerrar las tiendas	los lunes.
Mª José	pensar en el trabajo	casi siempre.
Santiago	sentir miedo	una vez al mes.
Isabel	**poner la mesa**	dos veces por semana.
Gonzalo	hacer la comida	a veces.
Gema	poner la radio	a mediodía.

PARA ACLARAR LAS COSAS

Tener resaca: *estar mal por la mañana después de beber mucho alcohol por la noche.*
Poner la mesa: *preparar la mesa con todas las cosas necesarias para comer.*

III. Comenta estas frases con tu compañero. Puedes utilizar: *estoy de acuerdo, no estoy de acuerdo, es verdad, no es verdad, creo que sí, creo que no es verdad.*

NO ES BUENO TENER
UN SOLO HIJO.

EL HERMANO PEQUEÑO
ES EL MIMADO DE LA FAMILIA.

*TODAS LAS
SUEGRAS SON
MALAS.*

Los hijos adoptivos
preguntan por sus
padres biológicos.

La madre trabaja siempre
más que el padre.

Los abuelos viven siempre con sus hijos.

*LOS HIJOS DE LAS FAMILIAS
NUMEROSAS NO SON EGOÍSTAS.*

LOS PADRES QUIEREN
IGUAL A TODOS SUS HIJOS.

El hijo/la hija mayor es
muy responsable.

ASÍ SE HABLA

Proponer un plan

¿Quieres ir al cine?
¿Vamos a tomar un café?
¿Por qué no vamos a Granada este fin de semana?
Tengo una idea. Vamos a visitar el zoo.
Luego vamos a un concierto ¿vienes?

Aceptar un plan

Sí, por supuesto.
Bueno.
Vale, de acuerdo.
¡Qué buena idea!

⊙ ¿Vamos a la playa ?
○ Lo siento, no puedo,
tengo clase.
⊙ ¿Por qué no vamos
a visitar a los abuelos?
○ ¡Qué buena idea!

Decir que no a un plan

Lo siento,
no puedo.
Imposible.

TE TOCA

En parejas o en grupo:
⊙ Un estudiante propone un
plan y el otro acepta.
⊙ Un estudiante propone
un plan y el otro dice que
no y propone otro.

EN SITUACIÓN

¿Qué venden en el estanco?
El sello. El sobre. La postal.
Tabaco: un paquete/un cartón de cigarrillos.
Los puros. Las cerillas.
El encendedor (el mechero).
El bonobús. La tarjeta telefónica.

¿Cómo se pregunta?
¿Cuánto cuesta (vale) un sello para + país?
¿Cómo se envía una carta urgente?
¿Sabe si hay un buzón por aquí cerca?

EN EL ESTANCO

D.   Buenos días, ¿qué desea?
J.   Un bonobús y un sobre.
D.   ¿Algo más?
J.   ¡Ah, sí! Un sello.
D.   ¿Para dónde?
J.   Para Japón, por favor.
D.   Aquí tiene.
J.   ¿Cuánto es todo?
D.   Nueve euros, por favor.

J.   ¿Tiene cambio? Sólo llevo
     un billete de 500 euros.
D.   Sí, aquí tiene. Muchas gracias.

TE TOCA

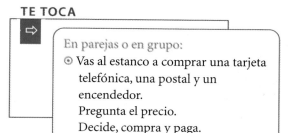

En parejas o en grupo:
⊙ Vas al estanco a comprar una tarjeta
  telefónica, una postal y un
  encendedor.
  Pregunta el precio.
  Decide, compra y paga.

COMO LO OYES

I. ESCUCHA Y ORDENA LOS SIGUIENTES DIÁLOGOS:

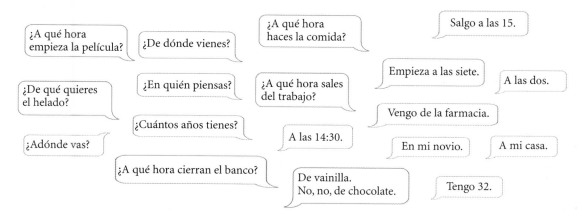

¿A qué hora empieza la película?   ¿De dónde vienes?   ¿A qué hora haces la comida?   Salgo a las 15.

¿De qué quieres el helado?   ¿En quién piensas?   ¿A qué hora sales del trabajo?   Empieza a las siete.   A las dos.

Vengo de la farmacia.

¿Cuántos años tienes?   A las 14:30.

¿Adónde vas?   En mi novio.   A mi casa.

¿A qué hora cierran el banco?   De vainilla. No, no, de chocolate.   Tengo 32.

II. ESCUCHA Y CONTESTA A ESTAS PREGUNTAS:

1. ¿Cuántas camas hay en el hospital?
2. ¿A qué hora va el señor Saavedra al trabajo?
3. ¿De quién es hermano Alfonso?
4. ¿A qué hora empieza la película?
5. ¿Con quién está casada Isabel?

6. ¿A qué hora almuerza la familia Irujo?
7. ¿Cuántos estudiantes hay en la escuela?
8. ¿Cómo se llama la sobrina de David?
9. ¿A qué hora hace los deberes Santiago?
10. ¿Qué quiere comprar en el estanco?

LEE

Hay un error en el texto. ¿Sabes cuál es?

¿Qué día, a qué hora, y dónde puedes ver la exposición de arte "La mirada del 98"?

¿Qué día, dónde y a qué hora dan un concierto en solidaridad con Centroamérica?

¿Qué días puedes ir al teatro y qué obras puedes ver?

¿Cuántos días se puede escuchar a la orquesta Ciudad de Málaga?

¿Dónde y cuándo hay una conferencia?

¿CUÁNDO?	¿QUÉ?	¿DÓNDE?	¿A QUÉ HORA?
1 diciembre	Conferencia	18:00 horas	Facultad de Derecho
1-6 diciembre	Exposición: "La mirada de 98"	10:00 a 21:00 horas	Palacio Episcopal
1-9 diciembre	Exposición de Arte Azul	11:00 a 17:00 horas	Ayuntamiento de Málaga
1-3 diciembre	Teatro: "Entre bobos anda el juego"	21:00 horas	Teatro Alameda
3 diciembre	Concierto	21:00 horas	Teatro Cervantes
4 diciembre	Concierto	22:30 horas	Koncierto Sentido
4-5 diciembre	Teatro: "Bodas de Sangre"	21:00 horas	Teatro Cervantes
5 diciembre	Concierto	22:30 horas	Koncierto Sentido
5 diciembre	Concierto en solidaridad con Centroamérica	21:00 horas	Auditorio de Torremolinos
7 diciembre	Concierto	21:00 horas	Teatro Cervantes
11 diciembre	Concierto de la Orquesta Ciudad de Málaga	21:00 horas	Teatro Cervantes
15 diciembre	Concierto	21:00 horas	Teatro Cervantes
9 diciembre	Concierto de la Orquesta Ciudad de Málaga	21:00 horas	Teatro Cervantes
30 diciembre	Concierto de la Orquesta Ciudad de Málaga	21:00 horas	Teatro Cervantes

ESCRIBE

I. DESCRIBE A LAS PERSONAS DE ESTA FAMILIA Y PONLES NOMBRES Y APELLIDOS ESPAÑOLES.

Eso no se dice:
Pasear en...
Isabel es 22 años.

Se dice:
Pasear por...
Isabel tiene 22 años.

UNIDAD 4

Me gusta el sol...

15 días en primavera.

1 mes en verano.

1 fin de semana  *en otoño.*

1 semana en invierno.

365 días al año.

PRETEXTO

DESCRIBE TODO LO QUE VES EN CADA UNA DE LAS CINCO FOTOGRAFÍAS.

¿Qué estación prefieres y por qué?
¿Qué producto anuncia?

CONTENIDOS GRAMATICALES

PRESENTE DEL VERBO *GUSTAR*

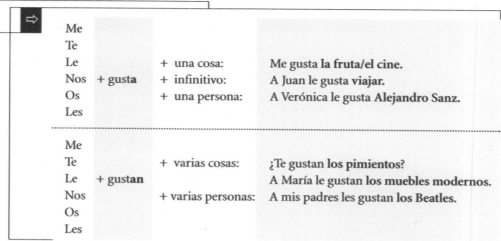

Me			
Te			
Le		+ una cosa:	Me gusta **la fruta/el cine.**
Nos	+ gusta	+ infinitivo:	A Juan le gusta **viajar.**
Os		+ una persona:	A Verónica le gusta **Alejandro Sanz.**
Les			

Me			
Te		+ varias cosas:	¿Te gustan **los pimientos?**
Le	+ gust**an**		A María le gustan **los muebles modernos.**
Nos		+ varias personas:	A mis padres les gustan **los Beatles.**
Os			
Les			

FUNCIONAN IGUAL QUE GUSTAR:

Encantar	Doler	Molestar	Pasar
Parecer	Importar	Interesar	Fascinar

ASÍ SE PREGUNTA:

¿Te gusta el fútbol? Me encanta.

¿Qué te pasa? Que me duele un poco la cabeza.

¿Qué te parece el nuevo gobierno? A mí no me interesa la política.

¿Te molesta la música? ¡Qué va! No me importa estudiar con música.

¿Te importa cerrar la ventana? En absoluto.

CON ELLOS EXPRESAMOS LOS DESEOS:

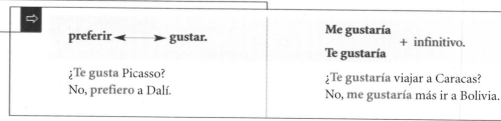

preferir ←——→ gustar.

Me gustaría
Te gustaría + infinitivo.

¿**Te gusta** Picasso?
No, **prefiero** a Dalí.

¿**Te gustaría** viajar a Caracas?
No, **me gustaría** más ir a Bolivia.

IRREGULARES O > UE

RECORD-AR	VOLV-ER	DORM-IR
rec**ue**rd -o	**vue**lv -o	d**ue**rm -o
rec**ue**rd -as	**vue**lv -es	d**ue**rm -es
rec**ue**rd -a	**vue**lv -e	d**ue**rm -e
record -amos	volvem -os	dorm -imos
record -áis	volv -éis	dorm -ís
rec**ue**rd -an	**vue**lv -en	d**ue**rm -en

¿Qué *recuerdas* de tus últimas vacaciones?
¿A qué hora *vuelve* María José de Madrid?
¿Cuántas horas *duermes* normalmente?

OTROS VERBOS QUE FUNCIONAN IGUAL:

JUGAR
juego
juegas
juega
jugamos
jugáis
juegan

Encontrar: ¿Dónde encuentras estos libros tan antiguos?
Almorzar: ¿Dónde almuerzas normalmente?
Costar: ¿Cuánto cuesta una entrada de cine?
Soñar: ¿Sueñas mucho por las noches?
Soler: ¿Qué sueles hacer los fines de semana?
Poder: ¿ Por qué no puedes salir esta noche?
Morir: ¿Con cuántos años muere un elefante?

⊙ ¿A qué jugamos hoy?
○ A las cartas.

DEMOSTRATIVOS

AQUÍ	AHÍ	ALLÍ
est**e** hombre	es**e** hombre	aquel hombre
est**a** mujer	es**a** mujer	aquel**la** mujer
est**os** discos	es**os** discos	aquel**los** discos
est**as** revistas	es**as** revistas	aquel**las** revistas

⇨	
Mucho/a/os/as + sustantivo:	Hoy no tenemos **mucho** tiempo. Yo no tengo **mucha** suerte. Consuelo tiene **muchas** ganas de ir a Honduras. Tengo suerte porque tengo **muchos** amigos.
Verbo + **mucho**:	Carlos lee **mucho.**
Muy + adjetivo:	Hoy estás **muy** contento.
Muy + adverbio:	Irene vive **muy** lejos.

PRACTICAMOS LA GRAMÁTICA

I. PON LAS FORMAS CORRECTAS.

1. ⊙ A mi hermana le (gustar) _____ los perros.
   ○ A mí también.

2. ⊙ Me (gustar) _____ el calor.
   ○ Pues a mí no.

3. ⊙ ¿Te (gustar) _____ viajar?
   ○ Sí, me encanta.

4. ⊙ ¿Te (importar) _____ cerrar la ventana?
   ○ No. Ahora mismo la cierro.

5. ⊙ A Pedro le (doler) _____ mucho la cabeza.
   ○ Es que trabaja mucho.

6. ⊙ No me (gustar) _____ las matemáticas.
   ○ A mí tampoco.

7. ⊙ No me (gustar) _____ las películas de terror.
   ○ A mí sí.

8. ⊙ Me (molestar) _____ el humo.
   ○ A mí también.

9. ⊙ A Marta y a Jorge les (encantar) _____ esquiar.
   ○ A mí no me gusta. Prefiero nadar.

10. ⊙ ¿Os (gustar) _____ el jazz?
    ○ Sí, mucho.

II. PON EL PRONOMBRE CORRECTO.

1. ⊙ A nosotros no ___ gusta la clase de filosofía.
   ○ Es que es un **rollo**.

2. ⊙ A mi abuelo ___ duele mucho la espalda.
   ○ Pues al mío, las piernas.

3. ⊙ A Juan y a Germán ___ encanta hablar de política.
   ○ Y de fútbol también.

4. ⊙ ¿ ___ gusta el teatro?
   ○ Sí, nos gusta mucho.

5. ⊙ ¿ ___ gusta la música de **Maná?**
   ○ Sí, me encanta.

6. ⊙ A mí ___ duele la cabeza.
   ○ ¿Por qué no tomas una aspirina?

7. ⊙ A Teresa y a mí no ___ gustan las películas de ciencia ficción.
   ○ Pues a mi hermano ___ encantan.

8. ⊙ ¿A Gonzalo y a ti ___ gusta la comida china?
   ○ No, no ___ gusta mucho.

9. ⊙ ¿ ___ gusta a usted la montaña?
   ○ Me encanta.

10. ⊙ ¿ ___ gusta a ustedes el ciclismo?
    ○ Sí, ___ gusta mucho.

PARA ACLARAR LAS COSAS

> Rollo: *muy aburrido, poco interesante.*
> Maná: *grupo de rock mexicano.*

III. PON EL VERBO CORRECTO.

1. ⊙ ¿Cuándo (jugar) _____ la **Selección Nacional?**
   ○ Creo que el jueves.

2. ⊙ ¿A qué hora (almorzar) _____ la gente en España?
   ○ Entre las 2 y las 3.

3. ○ ¿Cuántas horas (dormir, tú) _____ ?
   ○ Depende, unas siete.

4. ⊙¿Cuándo (volver, vosotros) _____ del viaje?
   ○ A finales de agosto.

5. ⊙ ¿De quién es el "Guernica"?
   ○ Ahora no (recordar, yo) _____ ¡Ah, sí! De Picasso.

6. ⊙ No (encontrar, yo) _____ mis gafas.
   ○ Están en la mesa, junto a las revistas.

7. ⊙ ¿Cuánto (costar) _____ este bolso?
   ○ 50 euros.

8. ⊙ Todos los días (soñar, yo) _____ que estoy en una casa vieja.
   ○ Pues yo nunca (recordar) _____ mis sueños.

9. ⊙ ¿Vienes a la playa?
   ○ No, yo no (soler) _____ tomar el sol.

10. ⊙ Muchos animales (morir) _____ de frío.
    ○ Y de calor, también.

PARA ACLARAR LAS COSAS

> Selección Nacional: *por ejemplo, en fútbol, el equipo de España.*

IV. COMPLETA CON *ESTE / ESTA / ESTOS / ESTAS.*

1. ⊙ _____ película es muy divertida.
   ○ Sí, a mí también me encanta.
2. ⊙ _____ flores huelen muy bien.
   ○ Son del jardín de mi abuela.
3. ⊙ _____ habitación es muy agradable.
   ○ Sí, pero muy pequeña.
4. ⊙ _____ niños son los hijos de mi hermano.
   ○ ¡Qué guapos!*
5. ⊙ _____ tema no es interesante.
   ○ Sí, es un rollo.

6. ⊙ _____ vacaciones son muy cortas.
   ○ Es verdad, cinco días no es mucho tiempo.
7. ⊙ _____ sofás son muy cómodos.
   ○ Y tienen un diseño muy moderno.
8. ⊙ _____ verano vamos a Mallorca.
   ○ ¡Qué bien!
9. ⊙ _____ fin de semana no puedo salir.
   ○ Yo tampoco tengo mucho tiempo.
10. ⊙ _____ música no me gusta.
   ○ Pues a mí me encanta.

* En Hispanoamérica se dice *lindos* en lugar de *guapos.*

V. COMPLETA CON *MUY / MUCHO.*

1. ⊙ ¿ Te gustan los dulces?
   ○ ¡Ay, sí! Me gustan _____
2. ⊙ ¿Qué tal este libro?
   ○ Es _____ interesante.
3. ⊙ ¿Te gusta Gloria Stefan?
   ○ Sí, canta _____ bien.
4. ⊙ Manolo tiene _____ dinero.
   ○ Sí, pero es que trabaja _____
5. ⊙ Este ejercicio no es _____ difícil.
   ○ Porque tú estudias _____ .

6. ⊙ Marisa está _____ delgada.
   ○ Es que come _____ poco.
7. ⊙ Aquí hace _____ calor.
   ○ Ahora mismo abro la ventana.
8. ⊙ Tu chaqueta es _____ bonita ¿Es _____ cara?
   ○ ¡Qué va! Es _____ barata. Es de las rebajas.
9. ⊙ Esta carretera es _____ peligrosa.
   ○ No hombre, yo viajo _____ por ella.
10. ⊙ ¡Este aceite está _____ bueno!
   ○ Es que es de Jaén.

VI. ORDENA ESTAS FRASES:

1. con / encanta / A / limón / Pedro / té / le / el _____
2. la / hermano / con / pasear / Mi / por / suele / su / novia / playa_____
3. No / su / apellido / recuerdo _____
4. en / Les / barco / viajar / encanta _____
5. a / Él / diez / la / vuelve / biblioteca / de / las _____
6. le / la / Al / duele / cabeza / director _____
7. mi / es / Ese / marido / el / de / socia _____

VII. CONTESTA A ESTAS PREGUNTAS:

1. ¿A qué edad salen los niños solos en tu país?
2. ¿A qué hora almuerza la gente de tu país?
3. ¿Cuántas horas duerme un bebé de dos meses?
4. ¿Qué hacen los jóvenes en tu país los domingos?
5. ¿Te gusta ver el fútbol en la tele?

6. ¿Recuerdas quién es Picasso?
7. ¿Qué te gusta más: el café o el té?
8. ¿Cuántos sois en tu familia?
9. ¿Te molesta estudiar con música?
10. ¿Cómo es el verano en tu país?

VOCABULARIO

I. Los meses del año son:

enero

febrero

marzo

abril

mayo

junio

julio

agosto

septiembre

octubre

noviembre

diciembre

II. Las cuatro estaciones son:

primavera

verano

otoño

invierno

III. El tiempo atmosférico:

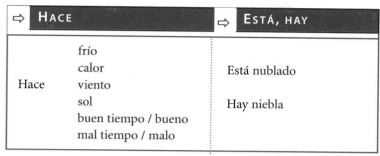

⇨ HACE		⇨ ESTÁ, HAY
Hace	frío calor viento sol buen tiempo / bueno mal tiempo / malo	Está nublado Hay niebla

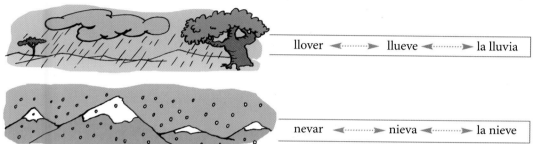

llover ⟷ llueve ⟵ la lluvia

nevar ⟷ nieva ⟵ la nieve

IV. La temperatura:

En Madrid, en verano, hace treinta grados.
En Madrid, en verano, están a treinta grados.
En invierno, en Ávila, hace siete grados bajo cero.
En invierno, en Ávila, están a siete grados bajo cero.

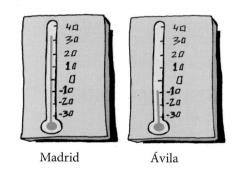

Madrid   Ávila

EJERCICIOS

I. Relaciona

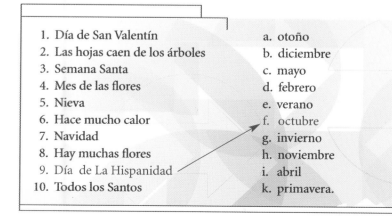

1. Día de San Valentín
2. Las hojas caen de los árboles
3. Semana Santa
4. Mes de las flores
5. Nieva
6. Hace mucho calor
7. Navidad
8. Hay muchas flores
9. Día de La Hispanidad
10. Todos los Santos

a. otoño
b. diciembre
c. mayo
d. febrero
e. verano
f. octubre
g. invierno
h. noviembre
i. abril
k. primavera.

II. COMPLETA LAS FRASES CON ESTAS PALABRAS:

1. En _____ hace mucho frío.
2. El _____ es San Valentín.
3. El _____ es Navidad.
4. En _____ hace mucho calor en España.
5. La _____ es necesaria.
6. No me gusta el _____
7. ¿Qué _____ hace?
   Estamos a 28 _____ centígrados.
8. En invierno _____ mucho en Canadá.
9. ¿Cómo es el _____ de tu país?
10. En el norte de España _____ mucho.

> ⇨ *lluvia / febrero / invierno / diciembre / temperatura / llueve / nieva / verano / 25 / de / clima / viento / de / 14 / grados*

III. AQUÍ TIENES UNAS FOTOS DEL MISMO LUGAR EN DIFERENTES MOMENTOS:

I

II

III

IV

Describe cada una. ¿Qué estación es? ¿Qué mes es? ¿Qué ves?

_____
_____
_____
_____
_____
_____
_____
_____
_____

ACTIVIDADES

DE TODO UN POCO

I. ¿QUIÉN ES QUIÉN?

Relaciona las frases con las personas.

1. A Estefanía le gusta la ropa cómoda.
2. A Pablo le encanta dormir.
3. A Alicia no le gustan las faldas.
4. A Alfonso le encantan las iglesias.
5. A Eduardo le duele la cabeza.
6. A Miriam le encanta ir de compras.
7. Sergio lleva uniforme, pero no lleva falda.
8. A Lourdes le gusta viajar.
9. A Santiago le encanta el café.

AHORA, TÚ:

⊙ Otros personajes:

II. HAZ UNA FRASE CON LAS SIGUIENTES PALABRAS:

Verbos

 gustar, encantar, fascinar, interesar, importar, molestar, parecer, doler

Temas: el dinero, la religión, la vida de los famosos, los deportes, la moda, la política, los gatos, ir a la Luna, la psicología, estar cansado/a, pescar, cocinar, las moscas, los coches, tener una casa grande, el calor, hacer ejercicios, ir en barco, las tormentas, la música, la historia, la informática, el frío, vivir solo/a...

Adverbios

 nada, poco, un poco, algo, bastante, mucho

ASÍ SE HABLA

Preguntar sobre gustos y aficiones

¿Te gusta____?
¿Qué te parece____?
¿Eres aficionada a____?

Me gusta mucho____
Me encanta____
Soy muy aficionada a____

Expresar lo que a uno no le gusta

No me gusta ____
No me gusta nada ____
Odio____
No soy aficionado a ____

Expresar acuerdo

A mí también.
A mí tampoco.

Expresar desacuerdo

A mí no.
A mí sí.

☺ *Me gusta el café.*   ☺ *A mí también.*   ☹ *A mí no.*
☹ *No me gustan los coches grandes.*   ☹ *A mí tampoco.*   ☺ *A mí sí.*

TE TOCA

 ⊙ Utiliza las estructuras y el vocabulario para hablar con tus compañeros.

Los gustos.	¿Qué prefieres:
¿Vivir en el campo o en la ciudad?	¿La carne o el pescado?
¿El cine o el teatro?	¿El vino o la cerveza?
¿El mar o la montaña?	¿El té o el café?
¿La bici o la moto?	¿Vivir en un piso o en una casa?
¿Los perros o los gatos?	
¿Leer o ver la tele?	

EN SITUACIÓN

Marisa:	Bueno, entonces, ¿qué hacemos?
Juan Carlos:	No sé…
Javier:	¿Os gusta el jazz? Hoy hay un concierto.
Marisa:	A mí me encanta.
Juan Carlos:	¡Huy, a mí no! Me pone nervioso.
	A mí me gustaría más ir al cine.
Marisa:	¿A qué película?
Juan Carlos:	Un momento. ¡Camarero, por favor!
	¿Tiene por casualidad un periódico de hoy?
	Es para mirar la **cartelera**.
Camarero:	Sí, tenga.
Juan Carlos:	A ver … ¿Qué tipo de película preferís?
Javier:	A mí no me gustan **las de miedo.**
Marisa:	Pues a mí, me encantan.
Juan Carlos:	Ponen *Acción mortal*.
Marisa:	¡Ah, no! Ésa es de guerra.
Javier:	Pues… ¿a cuál vamos?
Juan Carlos:	A mí me da igual.
Marisa:	Vamos a *Lista de espera*, que es de risa.
Javier:	Esa sí que es una buena idea.

PARA ACLARAR LAS COSAS

Cartelera: *página del periódico que informa de las películas y otros espectáculos en la ciudad.*
las de miedo:
las películas de miedo.

TE TOCA (en parejas)

- Tu compañero y tú queréis salir esta tarde. Llegad a un acuerdo.
- Él quiere ir a un restaurante chino. A ti no te gustan.
- Él quiere ver una película de acción. Tú, de risa.
- Él quiere jugar al billar. Tú prefieres ir de compras.

COMO LO OYES

I. DESPUÉS DE ESCUCHAR, ESCRIBE TODAS LAS COSAS QUE LE GUSTAN A:

Gaspar: _____

Pedro: _____

Miguel: _____

Guillermo: _____

¿Qué es lo que no le gusta a Guillermo? _____

_____

¿Por qué vive Gaspar con otros estudiantes? _____

_____

II. Completa:

El clima

En el norte de España _____ mucho. El invierno no es muy frío y en el verano la temperatura es _____ agradable, unos _____ grados. En Castilla el invierno es _____ y los veranos, muy calurosos. En la zona mediterránea el _____ es muy suave y el verano es caluroso. En las montañas como los Pirineos, en el _____, y en Sierra Nevada, en el sur, _____ mucho durante el invierno. En las islas Canarias, el _____ es subtropical.

LEE

¿QUÉ TIEMPO HACE HOY? EXPLICA QUÉ TIEMPO HACE HOY EN TODA HONDURAS. USA TAMBIÉN EL VOCABULARIO APRENDIDO EN LA UNIDAD 2.

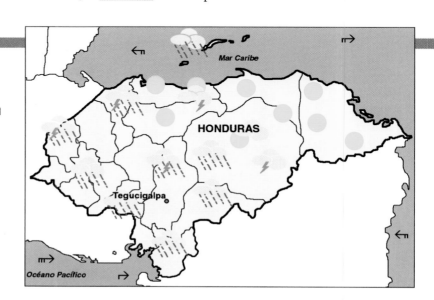

ESCRIBE

ESCRIBE UN ANUNCIO EN EL PERIÓDICO:
a. Para encontrar amigos en la ciudad.
b. Para encontrar pareja.
c. Para encontrar un grupo para hacer un viaje.

Explica tus gustos y aficiones, las cosas que te gustan y las que no.
Aquí tienes unos ejemplos.

> Soy Sara, estudio traducción y tengo veinte años. Estoy interesada en contactar con jóvenes alemanes para hacer un intercambio. Todos los días estoy a las 7 en el Internet Café de la Plaza Nueva. Soy alta y morena.

> Me llamo Daniel, tengo veintitrés años y colecciono sellos de todos los países. Busco personas interesadas en intercambiar sellos. Los interesados pueden contactar conmigo en el apartado de correos 1234.

Eso no se dice:	Se dice:
~~Tan~~ mucho	Tanto.
~~Es~~ depende	Depende.

REPASO DE LAS UNIDADES 1, 2, 3 Y 4

ELIGE LA RESPUESTA CORRECTA:

1. ⊙ Cuando alguien habla muy rápido dices: _____ .
   a) Más despacio, por favor b) ¿Puede hablar más alto?

2. ⊙ Cuando quieres ir a un lugar y no sabes cómo se va, preguntas: _____ .
   a) ¿Conoces dónde está...?   b) ¿Para ir a...?

3. ⊙ Cuando vas a un bar, el camarero pregunta: ____ .
   a) ¿Que va a tomar?   b) ¿Qué querría?

4. ⊙ La persona que proyecta casas y edificios se llama _____ .
   a) arquitecto   b) fontanero

5. ⊙ El contrario de antiguo es: _____ .
   a) moderno   b) joven

6. ⊙ Alejandro Sanz es _____ .
   a) cocinero   b) cantante

7. ⊙ Las personas que apagan incendios son _____ .
   a) bomberos   b) carpinteros

8. ⊙ Sierra Nevada está en _____ .
   a) Granada (Andalucía) b) Salamanca (Castilla)

9. ⊙ El _____ pasa por Zaragoza.
   a) Guadalquivir   b) Ebro

10. ⊙ ¿_____ es la capital de España?
    ○ Madrid.
    a) Qué   b) Cuál

11. ⊙ ¿Dónde _____ un banco?
    ○ En la segunda calle a la derecha.
    a) hay   b) está

12. ⊙ Si el profesor quiere escribir en la pizarra, necesita _____ .
    a) una tiza   b) tinta

13. ⊙ ¿A qué te _____?
    ○ Trabajo en la oficina de Turismo.
    a) trabajas   b) dedicas

14. ⊙ ¿_____ fumar aquí?
    ○ Lo siento, está prohibido.
    a) Podemos   b) Puedes

15. ⊙ ¿_____ repetir? No he oído bien.
    ○ Sí, por supuesto.
    a) Puede   b) Podemos

16. ⊙ ¿____ el principal recurso económico de España?
    ○ El turismo.
    a) Qué está   b) Cuál es

17. ⊙ ¿En qué ciudad _____ el Festival Internacional de Cine?
    ○ En San Sebastián.
    a) tiene lugar   b) está

18. ⊙ ¿_____ Salamanca?
    ○ Monumental.
    a) Qué está   b) Cómo es

19. ⊙ ¿_____ quiere el helado?
    ○ De fresa.
    a) De qué   b) A qué

20. ⊙ Antonio está _____ la escuela.
    a) en   b) a

21. ⊙ La señora Cortina está _____ vacaciones.
    a) de   b) en

22. ⊙ Matilde Soler es _____ profesora.
    a) nosotros   b) nuestra

23. ⊙ El hijo de mi hermano es _____ .
    a) mi sobrino   b) mi primo

24. ⊙ ¿_____ no vamos al teatro?
    ○ Vale, de acuerdo.
    a) Por qué   b) Cuál

25. ⊙ Para encender un cigarrillo necesitamos una caja de _____ .
    a) encendedor   b) cerillas

26. ⊙ Cuando escribimos una carta, la metemos en un _____ .
    a) sobre   c) sello

27. ⊙ Si compras cuatro cosas en una tienda, preguntas: _____ .
    a) ¿Cómo vale?   b) ¿Cuánto es todo?

28. ⊙ Si quieres hablar desde un teléfono público, necesitas una tarjeta telefónica o _____ .
    a) monedas   b) un billete de banco

29. ⊙ Si vas a un concierto, necesitas _____ .
    a) un billete   b) una entrada

30. ⊙ Todas las mañanas paseo _____ la playa.
    a) por   b) en

31. ⊙ _____ clima del norte de España _____ húmedo.
    a) la / está   b) el / es

REPASO DE LAS UNIDADES 1, 2, 3 Y 4

32. ⊙ ¿_____ la música clásica?
    ○ No. Prefiero otro tipo de música.
    a) Eres aficionado a   b) Estás aficionado de
33. ⊙ Irene vive _____ cerca de su trabajo.
    a) mucho   b) muy
34. ⊙ ¿Ha visto _____ mis gafas?
    a) algún persona   b) alguien
35. ⊙ No hay _____ de pan en la cocina.
    a) nada   b) algo
36. ⊙ A Alfredo _____ encanta tocar la guitarra.
    a) se   b) le

37. ⊙ Si quieres saber qué películas ponen miras
    _____ .
    a) el cartel   b) la cartelera
38. ⊙ Tengo que comprar _____ de avión para
    ir a Melilla.
    a) una entrada   b) un billete
39. ⊙ Si quieres hacer hamburguesas tienes que
    comprar carne _____ .
    a) picada   b) en filetes
40. ⊙ El invierno en el Mediterráneo es _____ .
    a) caluroso   b) suave

REPASO DE ORTOGRAFÍA

A) Completa con C o con Z
1. El ____ielo es azul.
2. Tengo que comprarme unos ____uecos.
3. ¿Tienes ____erillas, por favor?
4. España exporta muchos ____apatos.

B) Completa con CU o con QU
1. Este ____eso es manchego.
2. Voy al cine con mucha fre____encia.
3. El vocabulario del ____erpo humano es un poco difícil.
4. La ____chara sirve para comer sopa.

PASATIEMPOS

Adivinanzas

a) ¿Qué es?
   Subo siempre llena
   y bajo vacía;
   si no me doy prisa,
   la sopa se enfría.

   __ _____

b) ¿Qué es?
   Más pequeña que un ratón
   y guarda la casa como un león.

   __ _____

c) ¿Qué son?
   Blancos son,
   las gallinas los ponen,
   con aceite se fríen,
   y con pan se comen.

   ___ _____

Estas letras están desordenadas. Formad con ellas todas las palabras posibles que conocéis en español. Hay una palabra de 12 letras que conocéis.

M A S P O R U R E D E C

Tenéis cinco minutos. Gana el que ha conseguido la palabra más larga.
Ejemplo: MESA.

UNIDAD 5

¡Qué bueno!

SOMOS LO QUE COMEMOS

La alimentación debe ser variada. Cada persona tiene que comer según sus necesidades.

Debemos consumir preferentemente alimentos vegetales.

Debemos tomar menos sal.

No debemos tomar demasiados dulces.

Hay que beber menos.

Tenemos que moderar el consumo de alimentos de origen animal.

Hay que comer para disfrutar de la vida

PRETEXTO

¿Qué alimentos conoces del primer dibujo?

¿Qué costumbres practicas tú?

¿Recuerdas otras cosas buenas para la salud?

CONTENIDOS GRAMATICALES

SABER
sé
sabes
sabe
sabemos
sabéis
saben

DAR
doy
das
da
damos
dais
dan

CONOCER
conozco
conoces
conoce
conocemos
conocéis
conocen

OTROS VERBOS COMO "CONOCER": ofrecer, conducir*, traducir

* En algunos países de Hispanoamérica *conducir* se dice *manejar*.

CONSTRUIR
construyo
construyes
construye
construimos
construís
construyen

PEDIR
pido
pides
pide
pedimos
pedís
piden

DECIR
digo
dices
dice
decimos
decís
dicen

VENIR
vengo
vienes
viene
venimos
venís
vienen

OTROS VERBOS COMO "CONSTRUIR": destruir, incluir, sustituir

OTROS VERBOS COMO "PEDIR": elegir, repetir, seguir

construir

destruir

elegir

blablablabla

decir

conducir

dar

pedir

LAS PERÍFRASIS:

⇨ **Para expresar futuro**

voy
vas
va   + a + infinitivo
vamos
vais
van

⊙ ¿Cuándo vas a tomar vacaciones?
○ En agosto, creo.

⇨ **La obligación que viene de ti**

debo
debes
debe   + infinitivo
debemos
debéis
deben

⊙ Debemos comer menos.

⇨ **La obligación que viene de fuera**

tengo
tienes
tiene   + que + infinitivo
tenemos
tenéis
tienen

⊙ Tenemos que salir.

⇨ **La obligación impersonal**

Hay + que + infinitivo

⊙ Hay que llegar a las 6.

PRACTICAMOS LA GRAMÁTICA

I. PON EL PRONOMBRE Y EL INFINITIVO.

vais _____ vosotros, ir _____   salgo _____
eligen _____   destruyes _____
sé _____   sustituimos _____
piden _____   doy _____
juega _____   sigo _____
traigo _____   ofrezco _____
hago _____   vienes _____

II. PON EL INFINITIVO EN LA FORMA CORRECTA.

1. ⊙ En casa yo (poner) _____ siempre la mesa.
   ○ Yo, nunca.
2. ⊙ A mi padre no le gusta (freír) _____ mucho las patatas.
   ○ Pues a mí me gustan muy fritas.
3. ⊙ El gato (seguir) _____ a María por toda la casa.
   ○ ¿Por qué?
   ⊙ No (tener, yo) _____ ni idea.

4. ⊙ Antonio (pedir) _____ mucho dinero a sus padres.

   ○ ¿Para qué?

   ⊙ Para comprar libros. Le encanta leer.

5. ⊙ Mi profesor está enfermo.

   ○ ¿Y no tenéis clase?

   ⊙ Sí, lo (sustituir) _____ una profesora panameña.
   Su acento es muy diferente.

6. ⊙ Yo (decir) _____ siempre la verdad.

   ○ ¿Siempre?

   ⊙ Bueno... casi siempre.

7. ⊙ El precio del viaje ¿(incluir) _____ el traslado en autobús del aeropuerto al hotel?

   ○ Creo que no.

8. ⊙ Yo (conducir) _____ desde los 18 años.

   ○ Yo, desde los 21.

9. ⊙ Yo nunca (traer) _____ el diccionario a clase.

   ○ Pues yo, sí.

10. ⊙ ¿Qué números (elegir, nosotros) _____ para la **primitiva**?

   ○ A ver..., el 13, el 24, el 31, el 34, el 36 y el 48.

   ⊙ No, el 13, no. Mejor el 17.

PARA ACLARAR LAS COSAS

 Lotería Primitiva: *se juega en España los jueves y sábados.*

III. COMPLETA CON: *IR + A / TENER QUE / DEBER.*

1. _____ ir al dentista porque tengo una cita.

2. _____ estudiar más para aprobar el examen.

3. Esta tarde _____ ir al cine con Lucía.

4. Hablas poco español con tus compañeros; _____ hablar más.

5. _____ ser puntual esta tarde. La reunión es muy importante.

6. _____ a hacer una fiesta esta tarde.

7. Mis padres _____ comprarse una casa.

8. _____ hacer los deberes con Rosa esta tarde.

9. _____ ser simpático con ella.

10. _____ comer en un restaurante argentino.

IV. ELIGE LA FORMA CORRECTA.

Hay que / Debes / Tienes que

- tener 18 años para poder conducir.
- ir al banco mañana sin falta.
- comer más despacio.
- practicar español fuera de casa.
- respetar las señales de tráfico.
- estar a las 4 en casa de Ángela.
- ir al médico esta tarde.
- comer menos chocolate.
- ir al dentista una vez al año.
- aprobar un examen para entrar en la universidad.

La ⬤ Primitiva

APUESTA AUTOMATICA
1   APUESTA(S)
============================
1. 17 24 31 34 36 48
============================
REINTEGRO: 8
31 MAY 01-02 JUN 01   300 PTS
                          1,80 EUR
95775-1   151-03716811-043
             01-1200

V. Pon la forma de obligación correcta:

1. ⊙ El ascensor no funciona.
   ○ _____ llamar al técnico.
2. ⊙ Sergio _____ que dar parte de su sueldo a sus padres.
   ○ Normal, vive con ellos ¿no?
3. ⊙ Gastas mucho, _____ ahorrar un poco para las vacaciones.
   ○ Ya, pero es que me encanta salir.
4. ⊙ _____ pedir permiso para sacar fotografías dentro del museo.
   ○ ¡Qué estupidez!
5. ⊙ ¿Qué haces esta tarde?
   ○ _____ ir a visitar a mi madre.
6. ⊙ Me duele la cabeza por las mañanas.
   ○ _____ consultar a un médico.
7. ⊙ (Yo) _____ ir al estanco porque _____ comprar un bonobús. ¿Vienes conmigo?
   ○ Sí, yo _____ comprar sobres y sellos.
8. ⊙ ¿Me puedes traer un paquete de tabaco?
   ○ Vale, pero no _____ fumar tanto.
9. ⊙ (Nosotros) _____ devolver la película al vídeo* club.
   ○ Pues yo no tengo ganas de ir. Estoy muy cansado.
10. ⊙ (Yo) _____ cambiar de coche.
    ○ ¡Pero si el tuyo está nuevo...!

*En algunos países de Hispanoamérica al *vídeo* se le llama *video*.

VI. Ordena.

1. tiene / Esta / empleados / empresa / muchos_____
2. del / incluye / traslado / hotel / al / el / precio / no / viaje / El _____
3. vamos / cine / miércoles / los / al / Todos _____
4. salen / y / 9 / Ramón / casa / Lola / su / a / de / las _____
5. a / señor / No / ese / conozco _____
6. sé / tema / de / Yo / nada / no / este_____
7. mucho / casa / dinero / vale / Esta_____

VII. Haz la pregunta.

1. ⊙ ¿ _____ habla alemán?
   ○ Yo.
2. ⊙ ¿ _____ empleados _____ en tu oficina?
   ○ Treinta y dos.
3. ⊙ ¿_____ vas al dentista?
   ○ Porque tengo una caries.
4. ⊙ ¿ _____ de tu casa?
   ○ Salgo a las 7, porque empiezo a trabajar a las 8.
5. ⊙ ¿ _____ algo de ese tema?
   ○ No, no tengo ni idea.
6. ⊙ ¿ _____ a hacer esta tarde?
   ○ Voy a quedarme en casa.
7. ⊙ ¿ _____ al cine esta noche?
   ○ No puedo; tengo que estudiar.
8. ⊙ ¿Sabes _____ Marcelo?
   ○ Sí, está de vacaciones en Cancún.
9. ⊙ ¿ _____ ir al supermercado?
   ○ Sí, porque no tenemos nada para comer.
10. ⊙ ¿ _____ español con tus amigos?
    ○ Algunas veces.

VOCABULARIO

I. LOS ALIMENTOS.

la naranja	la lechuga	la ternera	la uva	la almeja
el calamar	el cerdo	el plátano*	la coliflor	la zanahoria
la fresa	el lenguado	la cebolla	el tomate	el melocotón*
la patata*	el ajo	la pera	el mejillón	la sardina
la manzana	el pepino	la gamba	el pimiento	el pollo

*En algunos países de Hispanoamérica a las *patatas* se les llama *papas;* al *plátano, banana* y al *melocotón, durazno.*

II. OTROS ALIMENTOS:

leche	aceite	cacao	café	cereales	queso

yogur	chocolate	galletas	pasta	margarina	mermelada

EJERCICIOS

I. COMPLETA ESTAS FRASES, FIJÁNDOTE EN LOS DIBUJOS:

1. Por la mañana tomo un _____.
2. Antes de preparar la ensalada hay que lavar bien la _____.
3. Los musulmanes no comen carne de _____.
4. En las islas Canarias hay muchos _____.
5. Las _____ son muy buenas para la vista.
6. Los españoles toman doce _____ al principio del año nuevo.
7. Los _____ son muy baratos.
8. En primavera y en verano tomamos _____ con nata.
9. Para hacer el gazpacho necesitamos _____.
10. A los niños pequeños no les gusta mucho la _____.

II. ¿A CUÁLES DE ESTOS ALIMENTOS HAY QUE PONERLES SAL Y A CUÁLES AZÚCAR?

leche, sardinas, patatas, yogur, pimientos, pasta, huevo, café, cacao, fresas.

CON AZÚCAR   CON SAL

_____   _____
_____   _____
_____   _____
_____   _____
_____   _____
_____   _____
_____   _____

━━◼ ACTIVIDADES ━━━━━━━━━━━━

DE TODO UN POCO ━━━━━━━━━━━

I. MÓNICA Y TERESA QUIEREN IR A BALI, ¿QUÉ TIENEN QUE HACER? EN PAREJAS, UNID LAS PALABRAS CORRECTAS DE CADA COLUMNA Y ORDENAD LAS ACCIONES CRONOLÓGICAMENTE.

	reservar	el pasaporte.
	pagar	los billetes.
	ir a	allí dos horas antes.
	estar	las maletas.
Mónica y Teresa tienen que	hacer	la vacuna.
	ponerse	dinero.
	hacerse	una agencia de viajes.
	cambiar	los billetes.
	coger	el autobús al aeropuerto.

1. Mónica y Teresa tienen que ir a una agencia de viajes.
2. _____
3. _____
4. _____
5. _____
6. _____
7. _____
8. _____
9. _____

II. PREGUNTA A TU COMPAÑERO.

¿Qué frutas te gustan más?
¿Qué frutas son de verano y cuáles son de invierno?
¿Qué verduras se comen más en tu país?
¿Qué comes más: carne o pescado?
¿Hay algún pescado de los de la lista que no se come en tu país?
¿Qué clase de carne prefieres?
¿Qué piensas de la comida vegetariana?
¿Qué comida es típica de   España
                            México
                            Italia
                            Francia
                            Estados Unidos?

III. Describe uno de los platos combinados. Tus compañeros tienen que adivinar cuál es.

En este plato hay ensalada, huevos, sandwich y salchicha.

ASÍ SE HABLA

Pedir opinión

¿Qué te parece...?
¿Qué piensas de...?
¿Qué opinas de...?
¿Crees que...?
¿No crees que...?

Contestar

Creo que sí.
Creo que no.
No estoy seguro/a.
No tengo ni idea.
Me parece que sí.
Me parece que no.

Expresar opinión

Creo que...
Me parece que...
En mi opinión...
Para mí...

○ Para mí, la gramática inglesa es muy fácil.
⊙ Para mí, no.

○ ¿Crees que va a llover?
⊙ No estoy seguro.

TE TOCA (en parejas o en grupos expresad opiniones)

⊙ La gramática española.
⊙ La situación económica.
⊙ Este libro.
⊙ La escuela.
⊙ La clonación.
⊙ Los teléfonos móviles.
⊙ La dieta vegetariana.
⊙ La pronunciación española.

EN SITUACIÓN

A LA COMPRA.

En la frutería:

⊙ Buenos días, ¿qué le pongo?

○ Tres kilos de patatas, un kilo de cebollas
   y un kilo de tomates.

⊙ ¿Verdes o maduros?

○ Verdes, para ensalada.

⊙ ¿Algo más?

○ Sí, ¿qué tiene de fruta?

⊙ De todo: manzanas, peras, melocotones,
   ciruelas...

○ ¿A cuánto están los melocotones?

⊙ A dos euros.

○ Pues un kilo de melocotones. ¿Y las ciruelas?

⊙ A 2,5 euros el kilo.

○ Póngame otro kilo. ¿Cuánto es todo?

⊙ A ver... 10,5 euros.

○ Aquí tiene. Adiós, buenos días.

⊙ Adiós, muchas gracias.

En la carnicería:

○ ¡Hola, Jorge! ¿Qué tal?

⊙ Muy bien, ¿y usted?

○ Ahí vamos, ponme medio kilo de pechugas de pollo.

⊙ ¿En filetes?

○ Sí, y un kilo de carne picada, mitad de cerdo, mitad de ternera.

⊙ Tengo unas chuletitas de cordero buenísimas.

○ Vale, me llevaré un kilo.

⊙ ¿Le pongo también unas salchichas que tengo, muy frescas...?

○ No, gracias. Con esto tengo para varios días. ¿Cuánto es?

⊙ 20,30 euros.

○ Toma, y recuerdos a la familia.

⊙ Adiós, hasta pronto.

¿Qué se hace en un puesto del mercado?
- Coger un número.
- Pedir la vez: ¿Quién es el último?

TE TOCA (en grupo)

⊙ Dos estudiantes van juntos a
  hacer la compra a la pescadería
  o a la frutería.

⊙ Otro estudiante es el vendedor.
  Tenéis el vocabulario y las
  estructuras para poder hacerlo.

COMO LO OYES

I. Escucha y escribe al lado de cada imagen el número que corresponde.

II. Escucha y completa:

⊙ Buenos días, ¿qué _____ ?

○ _____, un kilo de cebollas y una coliflor.

⊙ ¿_____ o pequeña?

○ Esta pequeña.

⊙ ¿Algo _____ ?

○ Sí, ¿tiene _____ ?

⊙ No, lo siento; _____ tengo manzanas, peras, melocotones, _____

○ ¿A cuánto _____ las peras?

⊙ A _____ .

○ Pues un kilo de peras y una sandía. ¿Cuánto es todo?

⊙ A ver... _____ euros.

○ Aquí tiene. _____ , buenos días.

⊙ Adiós, muchas _____ .

LEE

CONTESTA A ESTAS PREGUNTAS:

1. ¿Qué son las aceitunas?
2. ¿Cómo se llama el árbol que produce las aceitunas?
3. ¿Qué beneficios produce el aceite de oliva en nuestro organismo?
4. ¿Qué ingredientes ves en el plato de ensalada?

Corazón de Andalucía

*D*esde hace siglos el aceite de oliva virgen está unido a la tradición gastronómica de Andalucía. La cultura del olivo forma parte de nuestro sentir. Hoy, cada vez más, se valoran las cualidades nutritivas y los beneficios que este producto, totalmente natural, aporta a nuestra salud.

PARA ACLARAR LAS COSAS

 Sentir = *sentimiento.*
Aportar = *dar.*
Sano= *saludable.*
Ejercer = *hacer, realizar.*
Disminuir = *reducir = hacer más pequeño.*

Un aceite bueno para todo

Hoy está demostrado que el aceite de oliva virgen es el aceite más sano. Al tratarse de un producto totalmente natural, pues es puro zumo de aceitunas, aporta a nuestro organismo vitaminas, ejerce una acción protectora contra el colesterol y, unido a la tradicional alimentación mediterránea, disminuye el riesgo de enfermedades del corazón. Con Hojiblanca en tu cocina tendrás mayor calidad de vida.

ESCRIBE

NOTAS, MENSAJES, RECADOS:

Aquí tienes el modelo de unas notas: ahora, escribe una nota a tu compañero de piso y dile que no puedes ir al supermercado y que necesitas varias cosas.

> Hola, Juan. No tengo tiempo de poner la lavadora ¿puedes ponerla tú? Hay detergente en la cocina, pero no hay suavizante ¿puedes comprarlo tú? Gracias y hasta luego.
> Jorge

> *Marta:* Mi despertador no tiene pilas y maña-na tengo que levantarme a las 7. ¿Puedes despertarme? (Suavemente, por favor). Gracias y hasta mañana.

Eso no se dice:
~~Un otro...~~
~~Creo no. / Creo sí.~~

Se dice:
Otro...
Creo que no. / Creo que sí.

UNIDAD 6
¿Quién ha dicho eso?

PRETEXTO

1. ¿Qué tiempo verbal nuevo ves?

2. ¿Qué crees que expresa: presente, pasado o futuro?

3. ¿Por qué miran al perro de la primera viñeta?

4. ¿Qué profesión tiene el señor del micrófono?

5. ¿Puedes explicar qué pasa en las viñetas sin texto?

unidad 6   avance: curso de español
78

CONTENIDOS GRAMATICALES

PRETÉRITO PERFECTO

He
Has
Ha
Hemos
Habéis
Han

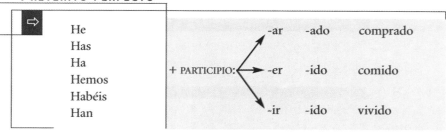

+ PARTICIPIO:
-ar -ado comprado
-er -ido comido
-ir -ido vivido

⊙ Esta mañana he desayunado mucho, he cogido mis cosas y he ido a la montaña.

PARTICIPIOS IRREGULARES

HACER	hecho		DECIR	dicho
PONER	puesto		VOLVER	vuelto
ESCRIBIR	escrito		VER	visto
ABRIR	abierto		DESCUBRIR	descubierto

ASÍ SE PREGUNTA:

¿Qué has hecho hoy? He escrito unas cartas.
¿Ha vuelto Carlos? No, ha dicho que llega mañana.

MARCADORES TEMPORALES DEL PRETÉRITO PERFECTO

hoy, esta mañana, esta tarde, esta noche, este mes, este año, ya,
siempre, nunca, hasta ahora, todavía (no) = aún (no), alguna vez,
últimamente, etcétera.

PRONOMBRES DE OBJETO DIRECTO

Masculino singular	Femenino singular	Masculino plural	Femenino plural
LO	LA	LOS	LAS

⊙ ¿Has hecho ya la comida?
○ Sí, ya la he hecho.

⊙ ¿Habéis terminado ya los ejercicios?
○ No, todavía no los hemos terminado.

SABER / CONOCER

	infinitivo	Laura no sabe esquiar.
		Carmen sabe bailar flamenco.
	quién	No saben quién es Cervantes.
	qué	No sabemos qué hacer hoy.
	cómo	¿Sabes cómo se hace la mayonesa?
	cuándo	Ya saben cuándo va a llegar.
SABER	dónde	No sé dónde está la calle Córdoba.
	cuánto	¿Sabes cuánto cuesta un bonobús?
	cuál/cuáles	¿Sabes cuál es el autobús para el centro?
	por qué	No sé por qué existen la b y la v.
	para qué	¿Sabes para qué sirve esto?
	lo que	¿Sabéis lo que pasa en la calle?

	lugares	¿Conoces Argentina?
CONOCER		Mis padres no conocen la Alhambra.
		Enrique conoce muy bien Centroamérica.

a personas   ⊙ ¿Conoces a Felisa?   ⊙ ¿Qué te parece Agustín?
○ Sí, la conozco bien.   ○ No puedo opinar porque lo conozco poco.

PRACTICAMOS LA GRAMÁTICA

I. PON LA FORMA CORRECTA DEL PRETÉRITO PERFECTO:

1. ⊙ ¿Por qué está tan enfadado Jesús el panadero?
   ○ Porque unos niños (romper) _____ el cristal de su escaparate.
2. ⊙ ¿Sabes que Javier (volver) _____ de la **mili**?
   ○ ¡Qué alegría! Hay que hacer una fiesta.
3. ⊙ ¿(Vivir, usted) _____ siempre aquí?
   ○ ¡Qué va! (Estar, yo) _____ quince años en Venezuela.
4. ⊙ ¿(Ver, tú) _____ *La estrategia del elefante?*
   ○ No, pero me (decir) _____ Pablo que es una película muy interesante.
5. ⊙ (Abrir, yo) _____ una cuenta en Bankispan.
   ○ Pues yo la tengo en Cajasol.
6. ⊙ ¿(Ir, tú) _____ alguna vez a México?
   ○ Sí, (estar, yo) _____ allí dos veces.
7. ⊙ ¿(Ver, tú) _____ a Guillermo?
   ○ No, todavía no (volver, él) _____ del trabajo.
8. ⊙ ¿Dónde (comprar, tú) _____ esta camiseta? Es muy bonita.
   ○ En el **rastro**, y es muy barata.
9. ⊙ ¿Sabes algo de Andrés?
   ○ No, le (llamar, yo) _____ **un montón de veces** y no (conseguir) _____ hablar con él.
10. ⊙ ¿(Ver, tú) _____ una ópera en directo?
    ○ Sí: *Carmen,* de Bizet ¡Qué maravilla!

PARA ACLARAR LAS COSAS
Mili: *servicio militar.*
Rastro: *mercado en la calle.*
Un montón de veces: *muchas veces.*

II. PON LA FORMA CORRECTA DEL PRETÉRITO PERFECTO:

Hoy (tener, yo) _____ un día horrible. (Salir, yo) _____ tarde de casa porque (recibir, yo) _____
tres llamadas: una de mi madre, que me (decir) _____ que tiene 39 de fiebre, otra de mi ex mujer,
que ya (volver) _____ de su viaje, y otra de Ricardo, que me (comunicar) _____ que el padre de
Agustín (morir) _____ , y por eso (llegar, yo) _____ al banco tres cuartos de hora tarde, y el
director me (poner) _____ muy **mala cara**, y no (querer) _____ hablar conmigo. (Recibir,
yo) _____ a muchas personas, pero no (hacer, yo) _____ ningún cliente. Luego (redactar,
yo) _____ 25 informes.

Para alegrar un poco el día, (ir, yo) _____ a un restaurante muy bueno que hay cerca de la playa.
La verdad es que (comer, yo) _____ muy bien. Después (volver, yo) _____ a casa en autobús y,
me (caer, yo) _____ en la calle.

(Venir, yo) _____ al hospital, y los médicos me (dejar) _____
aquí, porque (decir, ellos) _____ que mañana me van a operar.

Y aquí estoy, en una habitación blanca y fría, **más aburrido que
una ostra,** porque no tengo dinero, y no (poder) _____
alquilar una tele ni comprar una revista.

A ver... ¿qué día es hoy? ¡**martes y trece**! Ahora lo entiendo todo.

PARA ACLARAR LAS COSAS

● Poner mala cara: *estar antipático/a.*
Estar más aburrido/a que una ostra:
estar muy, muy aburrido/a.
Martes y trece: *en España es un día
de mala suerte*

III. COMPLETA CON *LO/ LA/ LAS/ LOS.*

1. ⊙ Nunca tomas el café con leche.
   O No, siempre _____ tomo solo y sin azúcar.
2. ⊙ ¿A qué hora recoges a los niños del **cole**?
   O _____ recojo a las 6.
3. ⊙ ¿Y las llaves?
   O _____ tengo en mi bolsillo.
4. ⊙ Oye, ¿Marina y Joaquín son novios?
   O No sé, pero siempre _____ veo juntos.
5. ⊙ ¿Cuándo es la corrida?
   O No _____ sé, no me gustan los toros.

6. ⊙ ¿Dónde has puesto la revista?
   O _____ he dejado encima de la mesa.
7. ⊙ ¿Habéis recogido vuestra habitación?
   O No, pero vamos a recoger _____ ahora mismo.
8. ⊙ No hay cervezas.
   O Voy a comprar _____
9. ⊙ El cuarto de baño **está hecho un asco**.
   O Ya _____ limpio yo.
10. ⊙ ¿Qué haces por las tardes?
    O _____ paso en casa, con el ordenador.

PARA ACLARAR LAS COSAS

● Cole: *colegio.*
Está hecho un asco: *está muy sucio.*

IV. CONTESTA A ESTAS PREGUNTAS. USA EL PRETÉRITO PERFECTO Y LOS PRONOMBRES *LO, LA, LOS, LAS.*

⊙ ¿Has probado alguna vez el gazpacho?
O No, nunca lo he probado.   O: Sí, lo he probado varias veces.

1. ⊙ ¿Has visto el museo de arte Reina Sofía
   de Madrid?
   O _____

2. ⊙ ¿Has leído alguna vez la revista
   Muy interesante?
   O _____

3. ⊙ ¿Has escuchado las canciones de Luis Miguel?
   O _____

5. ⊙ ¿Has hecho alguna vez **guacamole**?
   O _____

6. ⊙ ¿Has bailado alguna vez un **tango**?
   O _____

7. ⊙ ¿Has usado alguna vez un perfume de Carolina Herrera?

○ _____

8. ⊙ ¿Has comprado alguna vez una **ensaimada** mallorquina?

○ _____

9. ⊙ ¿Has visitado alguna vez los Estados Unidos de México?

○ _____

10. ⊙ ¿Has bebido alguna vez una **margarita**?

○ _____

PARA ACLARAR LAS COSAS

⬤ Guacamole: *ensalada de aguacate con cebolla, tomate y chile verde, típica de América Central, de Cuba y de México.*

Tango: *baile argentino.*
Ensaimada: *bollo típico de Mallorca.*
Margarita: *bebida hecha con tequila.*

V. ¿SABER O CONOCER?

1. ⊙ ¿ _____ París?
   ○ No, todavía no.

2. ⊙ Por favor, ¿ _____(usted) cómo se va a la Catedral?
   ○ Sí: todo recto y la primera a la derecha.

3. ⊙ ¿ _____ (tú) a Pablo?
   ○ No, ¿qué tal, Pablo?

4. ⊙ ¿ _____ (vosotros) el número de teléfono de Irene?
   ○ Sí, aquí tengo su tarjeta.

5. ⊙ ¿Tienes coche?
   ○ No, es que no _____ conducir.

6. ⊙ Hoy voy a _____a los padres de mi novia.
   ○ ¡Qué nervios!, ¿no?

7. ⊙ Oye, ¿tú _____ para qué sirve Internet?
   ○ Bueno, creo que para _____ más cosas y para _____ a más personas.

8. ⊙ ¿Cuántos idiomas _____?
   ○ Inglés, alemán, y un poco de español.

9. ⊙ Quiero _____ bien España y a los españoles.
   ○ Pues vas a necesitar tiempo.

10. ⊙ ¿ _____ cuántos años tiene la profesora?
    ○ Creo que 30.

VI. ORDENA:

1. García / libro / no / leído / Todavía / he / último / Márquez / el / de

2. ¿Quién es Marta? / conoces / no / la / tú

3. España / no / todavía / Luis / salido / ha / de

4. ¿Tus llaves? / mi / no / en / tengo / yo / las / bolso

5. y / los / una / robado / cristales / Han / pulsera/ han / la / roto / de / tienda

6. a / cómo / soportar / sé / puedes / Eva / No

7. va / la / dicho / en / llover / tele / a / Han / que

VII. HAZ LA PREGUNTA.

1. ⊙ ¿ Dónde _____ ?
   ○ Los he dejado encima de la mesa

2. ⊙ ¿Quién _____ ?
   ○ No la conozco.

3. ⊙ ¿Qué _____?
   ○ Café con leche y pan con aceite de oliva y tomate.

4. ⊙ ¿Por qué _____ ?
   ○ Porque ha tenido un accidente.

5. ⊙ ¿ _____dónde _____ ?
   ○ Creo que en el tercer piso.

6. ⊙ ¿ _____has desayunado?
   ○ A las ocho, en el Café Español, con Mariano.

7. ⊙ ¿ _____bailar _____?
   ○ No, pero quiero aprender.

8. ⊙ ¿ _____ la Sagrada Familia?
   ○ Nunca he estado en Barcelona.

VOCABULARIO

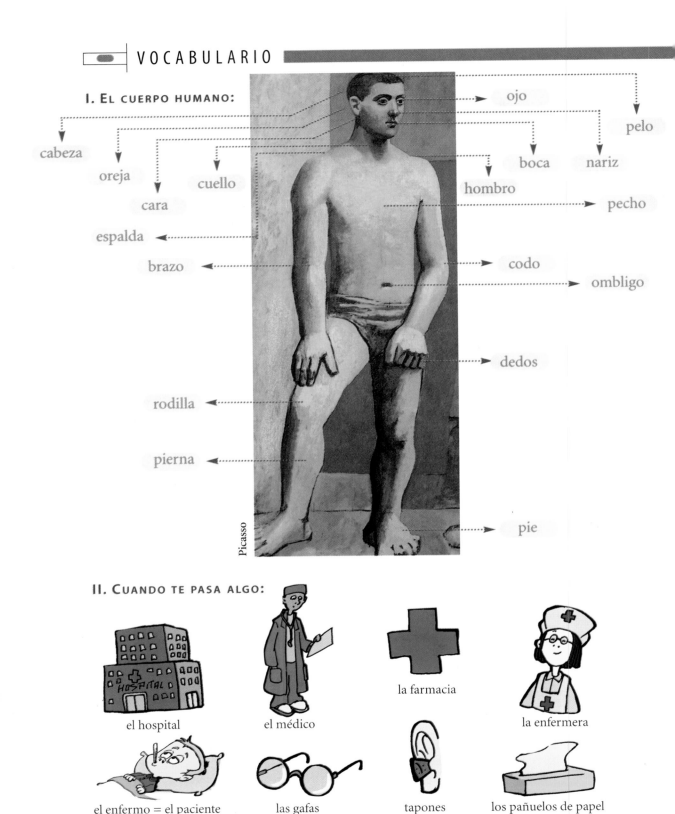

I. EL CUERPO HUMANO:

ojo

pelo

cabeza

oreja

cuello

cara

boca

nariz

hombro

espalda

pecho

brazo

codo

ombligo

rodilla

dedos

pierna

Picasso

pie

II. CUANDO TE PASA ALGO:

el hospital

el médico

la farmacia

la enfermera

el enfermo = el paciente

las gafas

tapones

los pañuelos de papel

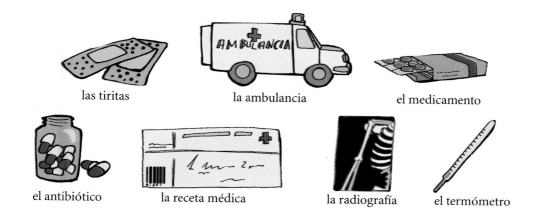

las tiritas   la ambulancia   el medicamento

el antibiótico   la receta médica   la radiografía   el termómetro

EJERCICIOS

I. COMPLETA LOS HUECOS CON LAS PALABRAS DEL RECUADRO:

Ojos, pie, piernas, pelo, cabeza, boca, nariz, oreja, espalda, manos.

1. Voy a tomar una aspirina porque me duele mucho la _____
2. Elisa está mejor sin gafas, porque tiene unos _____ preciosos.
3. Felipe lleva seis pendientes en la _____
4. Tengo que ir al dentista porque tengo fatal la _____
5. No podemos regalarle unos zapatos a Juan Antonio. No sabemos qué número de _____ tiene.
6. Mariano no puede levantar peso porque tiene problemas de _____
7. A Julia le queda muy bien la minifalda porque tiene unas _____ muy bonitas.
8. Con tanto frío tengo las _____ muy secas.
9. No respiro bien. Voy a comprar algo para la _____
10. Juan no tiene el _____ negro, sino castaño.

II. RELACIONA ¿QUÉ NECESITAS EN ESTAS CIRCUNSTANCIAS?

1. Tienes zapatos nuevos y te molestan los pies.   una farmacia
2. Te duelen las piernas.   una ambulancia
3. Hay un enfermo grave.   unas tiritas
4. Quieres comprar un medicamento.   una receta
5. Necesitas antibióticos.   una aspirina
6. Crees que tienes fiebre.   unos pañuelos de papel
7. Vas a tomar el sol.   unas gafas
8. Estás resfriado.   un termómetro
9. No ves bien la pizarra.   unos tapones
10. No puedes dormir por el ruido.   una crema protectora

ACTIVIDADES

DE TODO UN POCO

I. PREGUNTA A TU COMPAÑERO SOBRE ESTAS Y OTRAS COSAS.

a. Usando el pretérito perfecto.

⊙ ¿Has practicado alguna vez paracaidismo?
○ Sí, muchas veces.

Salir en la televisión o en el periodico.   Montar en globo.   Estar en Australia.

Copiar en un examen.   Plantar un árbol.   Ir a un zoológico.

b. Ahora piensa en tres cosas que todavía no has hecho y quieres hacer.

⊙ Nunca he viajado en helicóptero, pero quiero hacerlo.

_____

_____

_____

c. Puesta en común.

⊙ Cuatro alumnos han plantado un árbol, pero ninguno ha montado en globo.

_____

_____

_____

II. EN PAREJAS. CONTESTA A TU COMPAÑERO CON QUÉ PARTE DEL CUERPO REALIZAMOS ESTAS FUNCIONES:

¿Con qué andamos?

¿Con qué respiramos?

¿Con qué escribimos?

¿Con qué vemos?

¿Dónde llevamos los pendientes?

¿Con qué hablamos?

¿Dónde llevamos la corbata?

¿Con qué comemos?

Puedes hacer más preguntas.

III. TEST

¿Puedes ser un buen médico?
Trabaja con tu compañero.

1. ¿Has ayudado alguna vez en un accidente de tráfico?   SÍ ❑   NO ❑
2. ¿Has llevado a una persona grave al hospital?   SÍ ❑   NO ❑
3. ¿Te impresiona ver sangre?   SÍ ❑   NO ❑
4. ¿Has donado sangre alguna vez?   SÍ ❑   NO ❑
5. ¿Has curado una herida?   SÍ ❑   NO ❑
6. ¿Te gustaría ver una operación?   SÍ ❑   NO ❑
7. ¿Has puesto alguna inyección?   SÍ ❑   NO ❑
8. ¿Has tomado alguna vez la tensión arterial a alguien?   SÍ ❑   NO ❑
9. ¿Eres donante de órganos?   SÍ ❑   NO ❑
10. ¿Has hecho alguna vez la respiración boca a boca?   SÍ ❑   NO ❑

Resultado:

De 0 a 4 respuestas positivas: tu vocación no es la medicina.

De 4 a 7 respuestas positivas: puedes ser médico, pero quizá no es tu profesión ideal.

De 7 a 10 respuestas positivas: ¿Eres médico? Enhorabuena. Si no eres médico, has elegido mal tu profesión.

ASÍ SE HABLA

Preguntar a alguien
si sabe algo.

¿Qué sabes de...?
¿Sabes si...?
¿Te has enterado de que...?
¿Te has dado cuenta de
que...?

Contestar que sí.

Sí, ya lo sé.
Sí, ya sé que...
Sí, he oído hablar de eso.
Sí, ya me he dado cuenta.
Sí, me lo han dicho.

Contestar que no.

No, no lo sé.
No, no tengo ni
idea.
Ni idea.
No sé nada de...

TE TOCA

Pregunta a tu compañero por:
⊙ Un compañero que no está en clase.
⊙ Los horarios de un banco.
⊙ Una noticia.
⊙ Una novedad de algún estudiante.

No tengo ni idea.

¿Qué sabes de
Miguel?

EN SITUACIÓN

EN EL MÉDICO:

Doctor: Adelante, adelante. ¡**Hombre**, doña Amalia! ¡**Cuánto tiempo**!

Doña Amalia: Pues sí, la verdad es que hace ya algunos meses.

D.:   Y, dígame, ¿qué le pasa?

D.A.:   Verá, doctor, desde que ha empezado el otoño, me duele todo: las piernas, los brazos… hasta los dedos.

D.:   ¿Ha hecho usted algún esfuerzo especial en estos días?

D.A.:   Bueno, **he cambiado la ropa de temporada,** pero eso lo hago todos los años.

D.:   Ya, ya. Y, ¿ha hecho su gimnasia este verano?

D.A.:   Ay, doctor, no. Con la playa, el calor, las visitas…

D.:   Bueno, tranquila, ¿tiene usted problemas de estómago?

D.A.:   ¿Yo?, no, ¿por qué?

D.:   Porque va a tomar usted estas pastillas. Si le molesta un poco el estómago, debe tomar estas otras. Además, tiene que empezar su gimnasia inmediatamente.

D.A.:   Sí, doctor, voy a hacer todo lo que usted dice, de verdad.

D.:   Le creo, le creo. Va a volver el mes que viene.

D.A.:   ¿Qué día?, porque el 5 no puedo, tengo una boda.

D.:   No hay problema, ahora habla usted con la enfermera.

PARA ACLARAR LAS COSAS

¡Hombre!: *expresión de sorpresa.*
¡Cuánto tiempo!: *cuánto tiempo sin verla.*
Cambiar la ropa de temporada: *guardar la ropa de verano y colocar la de otoño en el armario.*

TE TOCA

Vas al médico porque:

⊙ Estás muy cansado y muy triste.   ⊙ Tienes mucha fiebre y no sabes por qué.

⊙ Te duele mucho la espalda.   ⊙ Te duele mucho el estómago.

⊙ Estás resfriado.

COMO LO OYES

I. RELLENA ESTOS DIÁLOGOS CON LAS FRASES QUE VAS A ESCUCHAR.

1. ⊙ ¿_____?
O A las 7, porque tenía que hacer los deberes.

2. ⊙ ¿_____?
O En un bar, como siempre.

3. ⊙ ¿_____?
O Que hoy es el cumpleaños de su padre.

4. ⊙ ¿_____?
O He estado en la oficina hasta las 15.

5. ⊙ ¿_____?
O No. Es que está de viaje.

6. ⊙ ¿Has terminado ya los deberes?
O _____

7. ⊙ ¿Dónde has visto a Alejandro?
O _____

8. ⊙ ¿Qué obra de teatro habéis visto?
O _____

9. ⊙ ¿Quién ha traído este paquete?
O _____

10. ⊙ ¿Por qué no has ido a la facultad?
O _____

II. SEÑALA LAS OPCIONES VERDADERAS.

- La primera persona que habla dice que:	V	F
• ha tomado aceite de oliva	❏	❏
• ha caminado 60 minutos	❏	❏
• ha comido dos naranjas	❏	❏
¿Cuida bien de su salud?	SÍ ❏	NO ❏

- La segunda persona que habla dice que:		
• ha dormido hasta muy tarde	❏	❏
• ha tomado café descafeinado	❏	❏
• ha fumado tres cigarrillos	❏	❏
¿Cuida bien de su salud?	SÍ ❏	NO ❏

- La tercera persona que habla dice que:		
• se ha levantado pronto	❏	❏
• ha comido mucho	❏	❏
• va a meditar	❏	❏
¿Cuida bien de su salud?	SÍ ❏	NO ❏

LEE

Enero
Honduras
Huracán Mitch

Febrero
Colombia
Terremoto en Calarcá

Marzo
Kenia
Desnutrición en Mandera

Abril
Balcanes
Refugiados

Mayo
Somalia
Epidemia de cólera

Junio
Kosovo
Víctimas del terrorismo

No hemos parado

Cada mes se ha producido una nueva catástrofe natural, una nueva epidemia o un nuevo conflicto armado en un punto distinto del planeta. Y allí hemos estado, ayudando a las víctimas.

A partir de ahora, está en tus manos

Julio
Rep. Centroafricana
Refugiados

Agosto
Turquía
Terremoto en Izmit

Septiembre
Timor Oriental
Desplazados

Octubre
Burundi
Desplazados internos

Noviembre
India
Ciclón en Orissa

Diciembre
¡Continuamos!

CONTESTA A ESTAS PREGUNTAS:

¿Qué catástrofes naturales aparecen en el texto?
¿A qué continentes ha ido Médicos sin fronteras?
¿En qué meses han trabajado con los desplazados?
¿En qué países han ayudado a los refugiados?
¿En qué país han pasado muchísima hambre?

ESCRIBE

ESTÁS ENFERMO Y POR ESO HAS IDO AL MÉDICO. TU AMIGO IMAGINARIO QUIERE SABER QUÉ TE HA DICHO. ENVÍA UN CORREO ELECTRÓNICO (E-MAIL) CONTÁNDOLE TODAS LAS PRUEBAS QUE TE HAN HECHO, QUÉ TE HAN DICHO Y QUÉ TE HAN RECETADO. PUEDES USAR:

⇨ *análisis, radiografía, tomar la tensión, pastillas, etc., y las formas de obligación*

He llevado al médico la radiografía y... Me ha dicho que tengo que descansar y que debo pasear una hora al día...

Eso no se dice:
~~Después~~ tres horas.
~~Un~~ medio kilo.

Se dice:
Después de tres horas.
Medio kilo

UNIDAD 7

Estamos avanzando

PRETEXTO

están creciendo
en igualdad

Estamos creciendo.

MINISTERIO
DE TRABAJO
Y ASUNTOS SOCIALES

Nace una ley
con la que hombres y mujeres
crecemos en igualdad

EN EL ANUNCIO VEMOS DOS FORMAS VERBALES DEL VERBO *CRECER: CRECEMOS* Y *ESTÁN CRECIENDO.*

⊙ ¿Sabes cuál es la diferencia?

⊙ ¿Sabes el nombre de la ropa que llevan las personas que ves?

⊙ En tu país, ¿hay igualdad entre hombres y mujeres?

CONTENIDOS GRAMATICALES

GERUNDIOS

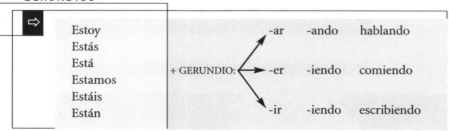

Estoy			
Estás			
Está		-ar	-ando	hablando
Estamos	+ GERUNDIO:	-er	-iendo	comiendo
Estáis		-ir	-iendo	escribiendo
Están				

Luis está trabajando en un proyecto muy interesante.
¿Sabes que Teresa está saliendo con Tomás?

GERUNDIOS IRREGULARES

Decir	diciendo	Leer	leyendo	Sentir	sintiendo
Dormir	durmiendo	Morir	muriendo	Venir	viniendo
Ir	yendo	Pedir	pidiendo	Poder	pudiendo

EXPRESIONES RELACIONADAS CON EL GERUNDIO:

En este momento, actualmente, ahora, últimamente, poco a poco, provisionalmente, de momento...

ADJETIVOS Y PRONOMBRES INDEFINIDOS

algún / alguna	ningún / ninguna	mucho / a	poco / a
algunos / as	nadie	muchos / as	pocos / as
alguien	nada		
algo	todos / as		
todo / a			

Poco y *mucho* son adverbios de cantidad.

Algo de + nombre incontable: Queda algo de vino en la botella.
Nada de + nombre incontable: No hace nada de frío

⊙ ¿Tienes **algún** amigo argentino?
○ Sí, tengo **algunos.**
⊙ ¿Sabe **alguien** dónde está Juan?
○ Ni idea.

¡OJO! EN ESPAÑOL SE DICE ASÍ:

Algún / ningún + nombre masculino singular.
No hay nadie en casa.
No tengo ninguna novela de terror.
No sé nada de este tema.

⊙ ¿Hay **algo** de dinero en el cajón?
○ No, no hay **nada.**
⊙ **Nadie** puede hablar 25 idiomas.
⊙ Me voy a la cama porque tengo **mucho** sueño.
⊙ **Ninguna** persona habla 30 idiomas.
⊙ No voy a comer porque tengo **poca** hambre.
⊙ Tengo que trabajar **toda** la tarde.

LA COMPARACIÓN

más... que
Alberto es *más* bajo
que José Luis.

menos... que
Fernando tiene *menos*
pelo *que* Arturo.

tan... como
Ana es *tan* alta
como su novio.

TAN	+ adjetivo +	COMO	Es *tan* moreno *como* su hermana.
TAN	+ adverbio +	COMO	Vive *tan* lejos *como* yo.
TANTO / A / OS /AS	+ sustantivo +	**COMO**	Me gustaría tener *tantos* amigos *como* tú.

Más bueno = mejor   Más grande = mayor   Más malo = peor   Más pequeño = menor

PRACTICAMOS LA GRAMÁTICA

I. ELIGE LA RESPUESTA CORRECTA.

1. ⊙ ¿Tienes ningún/algún disco de
   Paco de Lucía?
   ○ No tengo ninguno/alguno.

2. ⊙ ¿Hay nada/algo de pan en la cocina?
   ○ No, no hay nada/algo de pan.

3. ⊙ ¿Tienes muchos/pocos libros?
   ○ Tengo muchos/pocos, porque no
   me gusta leer.

4. ⊙ ¿Conoces algún/algunos país de Asia?
   ○ No, no conozco algunos/ninguno.

5. ⊙ Tengo muy/mucho calor,
   ¿puedes abrir la ventana?
   ○ Sí, claro.

6. ⊙ ¿Enciendes la luz, por favor?
   No veo nada/nadie.
   ○ Ahora mismo.

7. ⊙ ¿Tienes que trabajar mucho/muchos?
   ○ Sí, poco/mucho.

8. ⊙ ¿Hay alguien/nadie en casa?   *Anyone at home?*
   ○ Sí, yo. Estoy en mi cuarto.

9. ⊙ ¿Conoces algún/ningún chico
   ecuatoriano?
   ○ No conozco ninguno/alguno.

10. ⊙ ¿Tienes alguno/mucho tiempo para
    hacer los deberes?
    ○ No. Tengo poco/mucho tiempo.

II. PON LOS VERBOS EN LA FORMA CORRECTA DE *ESTAR* + GERUNDIO.

1. ⊙ ¿Has visto a Alicia?
   ○ Sí, (leer, ella) _____ en su cuarto.
2. ⊙ Pedro y Antonio (escribir, ellos)_____ una obra de teatro.
   ○ A ver si tienen suerte.
3. ⊙ Últimamente (dormir, yo)_____muy mal.
   ○ Y ¿no sabes por qué?
   ○ No tengo ni idea.
4. ⊙ (Construir, ellos)_____ una nueva autopista hasta Marbella.
   ○ Y ¿cuándo la terminan?
   ○ Creo que dentro de seis meses.
5. ⊙ ¿Dónde está Luis?
   ○ (Comer, él) _____ con su jefe.

6. ⊙ ¿Habéis hecho ya los deberes?
   ○ No, los (terminar, nosotras)_____
7. ⊙ ¿Qué sabes de tus tíos?
   ○ (Viajar, ellos)_____ por toda Europa.
8. ⊙ Señor García, últimamente (pedir)_____ demasiados permisos.
   ○ Lo siento, pero ya sabe que tengo problemas familiares.
9. ⊙ Poco a poco la situación en la oficina (cambiar)_____
   ○ Sí, yo también lo (notar) _____
10. ⊙ ¿Qué hace tu hijo?
    ○ (Repetir, él) _____ primero de Ingeniería de Telecomunicaciones.

III. RELLENA LAS FRASES CON LAS PALABRAS DEL RECUADRO.

algo (2) , nada (2), alguien (2), nadie (2), siempre, algún, nunca, ningún, algún/o, ningún/o

1. ⊙ ¿Hay _____ contigo?
   ○ No, no hay _____, estoy solo.
2. ⊙ ¿Qué has comido hoy?
   ○ _____, no he tenido tiempo.
3. ⊙ ¿Quieres _____ de beber?
   ○ No, gracias. He tomado un café antes de venir.
4. ⊙ ¿Qué le vamos a regalar a Sofía?
   ○ No sé, pero tiene que ser _____ muy especial.
5. ⊙ ¿Has visto el partido de hoy?
   ○ No, _____ veo el fútbol.

6. ⊙ No me gusta _____ el jazz.
   ○ Ya somos dos. A mí tampoco.
7. ⊙ ¿Tienes _____ disco de Enrique Iglesias?
   ○ No, no tengo _____
8. ⊙ Estoy deprimido. No puedo terminar este trabajo.
   ○ Tranquilo, hombre, _____ es perfecto.
9. ⊙ ¿Cómo sabes que esto es verdad?
   ○ Me lo ha dicho _____, pero ahora no recuerdo quién.
10. ⊙ Yo _____ estudio por las noches.
    ○ Pues yo, nunca.

IV. ESCRIBE LAS PARTÍCULAS COMPARATIVAS Y COMPARA CON TUS COMPAÑEROS.

1. Ahora hay _____divorcios _____ antes.
2. El avión es _____ peligroso _____ el tren.
3. El gasoil es _____ barato_____ la gasolina.
4. La gente come _____ alimentos precocinados _____ antes.
5. El español no es _____ difícil _____ el japonés.
6. En los pueblos, la vida es _____ tranquila _____ en las ciudades.

7. El boxeo es _____ cruel _____ las corridas de toros.
8. España produce _____ vino _____ Holanda.
9. El alcohol es _____ **perjudicial** _____ el tabaco.
10. Los italianos toman _____ aceite de oliva _____ los ingleses.

PARA ACLARAR LAS COSAS
● Perjudicial: *malo para la salud.*

V. Escribe las partículas comparativas.
La mujer antes y ahora.

En la actualidad, tiene _____ hijos que antes. También hay ahora _____ mujeres que
trabajan fuera de casa. Por eso, hoy en día, los hombres ayudan _____ en las **tareas del hogar**
_____ hace, por ejemplo, cuarenta años.
Por otro lado, la ley dice que las mujeres tienen _____ derechos _____ los hombres, pero
es una realidad que en muchos países ellas ganan _____ que ellos.
En general, la situación de la mujer ¿es _____ o _____ la de sus abuelas?

PARA ACLARAR LAS COSAS

⬤ Tareas del hogar: *trabajos de la casa.*

VI. Ordena.

1. teléfono / Sanz / hablando / por / Luis / está
_____

2. pocos / Últimamente / en / muy / nacen / niños / España
_____

3. que / tiene / discos / música / Ana / yo / clásica / menos / de
_____

4. un / peor / día / hace / ayer / Hoy / que
_____

5. la / Estoy / Marías / de / novela / leyendo / Javier / última
_____

6. encender / veo / a / la / porque / Voy / no / luz / nada
_____

7. trabajando / interesante / en / muy / Beatriz / proyecto / un / está
_____

VII. Haz las preguntas para estas respuestas.

1. ⊙ ¿ _____ revista de motos?
   ○ No, no tengo ninguna.
2. ⊙ ¿ _____ Jaime?
   ○ Es muy guapo e inteligente.
3. ⊙ ¿ _____ tu hermano menor?
   ○ Está estudiando Ciencias Políticas.
4. ⊙ ¿ _____ de beber?
   ○ No, gracias. He tomado un té antes de venir.
5. ⊙ ¿ _____ Juan?
   ○ Enseguida viene, está hablando por
   teléfono.

6. ⊙ ¿ _____ la ventana?
   ○ Sí, claro.
7. ⊙ ¿ _____ pan en la cocina?
   ○ No, no hay nada.
8. ⊙ ¿ _____ de Enrique Iglesias?
   ○ No, no tengo ninguno.
9. ⊙ ¿ _____ amigo argentino?
   ○ Sí, tengo algunos.
10. ⊙ ¿Por qué no _____ ?
    ○ No voy a comer porque no tengo
    nada de hambre.

VOCABULARIO

I. LA ROPA:

falda

pantalón

abrigo

camisa (= blusa)

jersey

camiseta

cinturón

medias

calcetines

guantes

traje

vestido

zapatos

paraguas

bufanda

pijama

camisón

ropa interior

II. LOS GRANDES ALMACENES:

Primera	Moda jóvenes. Tienda vaquera.	Sexta	Oportunidades. Cafetería.
Segunda	Moda niños. Juguetes.	Séptima	Discos, libros, vídeos.
Tercera	Moda señora. Zapatería.	Octava	Electrónica.
Cuarta	Moda caballero. Deportes.	Novena	Baños. Cocinas. Electrodomésticos.
Quinta	Papelería. Cosmética. Complementos.	Décima	Muebles. Textil. Hogar.

EJERCICIOS

I. ¿EN QUÉ PLANTA PUEDES COMPRAR LOS SIGUIENTES ARTÍCULOS?

una raqueta	un champú	un chándal	un sofá	un perfume
unas botas	un ordenador	un mapa	un microondas	una cuchara
una cama	un diccionario	una falda	una novela	un rotulador
un sacapuntas	una muñeca	un cinturón	un lavabo	un disquete

ACTIVIDADES

DE TODO UN POCO

I. COMPLETA LOS HUECOS CON LAS PALABRAS DEL RECUADRO.

zapatos, paraguas, guantes, corbata, camisa, camiseta, medias, vestido, pantalones, faldas, pijama

⊙ Para trabajar, Enrique tiene que llevar traje y _____
⊙ La Selección Española lleva una _____ roja.
⊙ Tengo muy pocas _____ porque siempre voy en moto.
⊙ Creo que está lloviendo. Voy a coger el _____
⊙ Mickey Mouse lleva siempre unos _____ blancos y su novia, un _____ blanco y rojo.

⊙ Me encanta andar por mi casa sin _____
⊙ Sergio nunca lleva _____ de cuadros.
⊙ Los domingos desayuno en _____
⊙ Quiero comprarme unos _____ vaqueros en las rebajas.
⊙ No comprendo cómo puedes usar _____ en verano.

II. FORMAD DOS EQUIPOS Y HACED FRASES SEGÚN EL MODELO:

Marta mide más que Luisa, pero menos que Esther. Por tanto, Esther es la más alta de las tres.
Tenéis 10 / 15 minutos. Gana el equipo que ha conseguido más comparaciones correctas.

	Luisa	Esther	Marta
Estatura	1,62	1,70	1,66
Número de hijos	4	2	3
Sueldo	2.000 euros	1.950 euros	2.400 euros
Edad	42	36	40
Peso	58 kg	65 kg	70 kg

III. EN PAREJAS O EN GRUPOS.

Diferentes personas españolas van a hacer distintas cosas esta noche.
Tenéis que elegir la ropa, el calzado, etc., que va a llevar cada una de ellas.

⊙ Esta noche Marta Solórzano Eugui (37 años) va a una fiesta en la Embajada Española en Buenos Aires.
⊙ Esta noche Ernesto Allende Lago (48 años) va a pescar calamares en una barca.
⊙ Esta noche Ramón Altolaguirre Usandizaga (52 años) va a una cena en un hotel de cinco estrellas en Lima.
⊙ Esta noche Rosa Andreu Palau (5 años) va a acostarse temprano.

un bolso pequeño / unas botas de goma del número 44 / una camisa de seda / un traje azul marino / unos zapatos de tacón / un pijama / un jersey viejo de lana / unos calcetines finos negros / unos pantalones vaqueros viejos / unos zapatos negros del número 43 / una corbata azul con rayas amarillas / unos calcetines de lana / un vestido largo de seda / un cinturón de piel.

IV. UN ESTUDIANTE DESCRIBE LO QUE ESTÁ HACIENDO UNA DE LAS PERSONAS DEL DIBUJO. **LOS** DEMÁS TIENEN QUE SABER DE QUIÉN ESTÁ HABLANDO.

ASÍ SE HABLA

Decir a alguien que
tiene razón:

> Claro que sí.
> Tienes razón.
> Sí, es así.
> (Eso) es cierto.
> (Eso) es verdad.
> Por supuesto (= desde luego).

Decir a alguien que
no tiene razón:

> No, estás equivocado.
> No tienes razón.
> Eso no es así.
> (Eso) es falso.
> (Eso) es mentira
> (Eso) es absurdo.

⊙ Todos los españoles son morenos y tienen ojos oscuros.
○ Eso es falso.

⊙ A veces la gente no es amable.
○ Sí, es cierto.

TE TOCA

 Un compañero te dice algo, y tú le dices que tiene razón o no.
- ⊙ Cada vez hay menos contaminación en las ciudades.
- ⊙ Los españoles tienen menos hijos que antes.
- ⊙ El dinero es lo más importante del mundo.
- ⊙ La moto es más sana que la bici.
- ⊙ El fútbol es un deporte muy aburrido.

EN SITUACIÓN

DE COMPRAS:

Vendedor: Buenos días,
          ¿en qué puedo ayudarle?

Cliente: Necesito un traje.

V: ¿Qué talla tiene usted?

C: No sé… la 44 o la 46.

V: ¿Qué le parece éste?

C: Demasiado elegante. Yo
          lo quiero para ir a trabajar.

V: ¡Ah! Pues aquí tenemos
          varios, ¿de qué color lo prefiere?

C: Discreto… azul o gris.

V: Bien, aquí tiene el azul
          en la 46 y el gris en la 44.
          ¿Quiere ver alguna camisa?

C: Sí, tengo que comprarme **por lo menos** dos.

V: Ahora tenemos la oferta 3 x 2. Usted se lleva tres y sólo paga dos.
          ¿Qué talla de camisa usa?

C: Eso sí lo sé. Una 39.   *that I do know*

V: De acuerdo, aquí tenemos… una de cuadros, una de rayas y una lisa.
          Las tres combinan con los dos trajes.

C: No, de cuadros no me gustan, prefiero dos lisas.
          ¡Ah! y de algodón, por favor. **No soporto la fibra.**

V: Como quiera. A ver… una azul, una amarilla y la de rayas verdes.
          Puede pasar al probador. Si necesita algo, me llamo Luis.

C: Muchas gracias.

―――

V: ¿Qué tal le queda?

C: La chaqueta de la 46 me queda bien, pero el pantalón me está ancho.

V: Tenga, un cinturón.

―――

V: Sí, es verdad: hay que **meterle** un poco a los lados.

C: Y ¿cuándo lo puedo recoger?

V: Bueno, ¿le parece bien el sábado por la mañana?

C: Perfecto. ¿Puedo pagar con tarjeta?

V: Por supuesto, ¿tiene su carné de identidad?

C: Sí, aquí está.

V: Muy bien, firme aquí, este papel es para mí y
          éste, para usted.

C: Muchas gracias. Hasta el sábado.

PARA ACLARAR LAS COSAS

○ Por lo menos: *como mínimo.*
  No soporto la fibra: *no me
  gusta llevar fibra sintética.*
  Meter: *aquí, poner más
  pequeño, más corto.*

COMO LO OYES ▰▰▰▰▰▰▰▰▰▰

I. Después de escuchar la grabación, di si estas afirmaciones son verdaderas o falsas y por qué.

	V	F
En el parque hay dos niños jugando al tenis.	❏	❏
Hay un hombre que vende helados.	❏	❏
Un perro muy grande está dormido.	❏	❏
Un padre está paseando a sus dos bebés.	❏	❏
Hay dos personas mayores hablando.	❏	❏
Hay una pareja discutiendo.	❏	❏
Hay un hombre pintando un árbol.	❏	❏
Hay un jardinero que está cortando el césped.	❏	❏
Hay un chico que está tomando el sol.	❏	❏

II. Escucha y contesta:

¿Cuántos pares de pantalones necesitan de la talla 52? _____

¿De qué colores los quieren? _____

¿Tienen las camisas que quieren? _____

¿A qué hora llegan los paquetes? _____

¿Por qué medio de transporte van a llegar? _____

LEE

CONTESTA A ESTAS PREGUNTAS:

¿Qué significa rebajas?
¿Qué puedes comprar en las tiendas de complementos?
Di cuatro productos que aparecen en la foto de alimentación.
¿La calidad de la ropa es mejor, igual o peor en las rebajas?
Di el nombre de dos muebles y el de dos electrodomésticos.

TIENDAS ESPECIALIZADAS

REBAJAS CON TODO
LO QUE HAY QUE TENER
EN NUESTRAS TIENDAS
ESPECIALIZADAS.

TIENDAS DE COMPLEMENTOS

PRECIOS BAJOS PARA
LA MEJOR Y MAYOR SELECCIÓN
DE COMPLEMENTOS.

ALIMENTACIÓN

LA CALIDAD
AL MEJOR PRECIO
EN TODAS LAS SECCIONES
DE NUESTRO
HIPERMERCADO.

TIENDAS DE MODA

REBAJAMOS EL PRECIO
DE LA MODA,
MANTENEMOS EL ESTILO
Y LA CALIDAD.

HOGAR-DECORACIÓN

BAJAMOS LOS PRECIOS EN TODOS
NUESTROS DEPARTAMENTOS
DE MUEBLES Y ELECTRODOMÉSTICOS.
CREAMOS SUPEROFERTAS EN
DECORACIÓN.

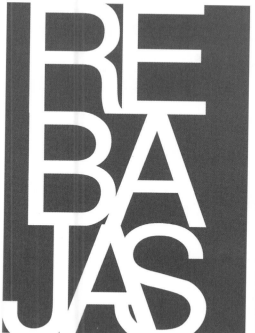

ESCRIBE

DESCRIBE ESTA TARJETA. EXPLICA LO QUE ESTÁ PASANDO.
USA LA FORMA *ESTAR* + GERUNDIO Y DI LO QUE HACEN LOS PERSONAJES.

Eso no se dice: **Se dice:**
~~Como~~ así   Así
~~Tengo~~ cumpleaños   Es mi cumpleaños.

UNIDAD 8

Ser o estar, ésta es la cuestión

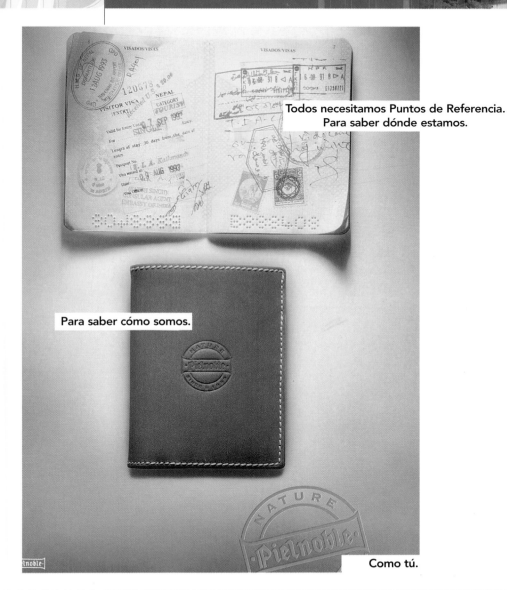

Todos necesitamos Puntos de Referencia.
Para saber dónde estamos.

Para saber cómo somos.

Como tú.

PRETEXTO

TRADUCE ESTAS FRASES A TU IDIOMA:

¿Qué observas?
¿Puedes deducir alguna regla?

CONTENIDOS GRAMATICALES

USOS DE *SER* Y *ESTAR*

USAMOS EL VERBO SER PARA:

1. **identificarnos:**
   Buenos días. **Soy** Santiago Pérez Segura.

2. **expresar origen, nacionalidad:**
   ¿De dónde **es** Mario Vargas Llosa? **Es** de Perú.

3. **profesión:**
   Soy periodista.

4. **color:**
   El bolso **es** negro.

5. **material:**
   La camiseta **es** de algodón 100%.

6. **posesión, relación:**
   Creo que ese coche **es** de Maribel.

7. **descripción física y de carácter:**
   Javier **es** muy guapo y muy simpático.

8. **la fecha:**
   Hoy **es** viernes, 24.

¿Quién es...?

¿De dónde es...?

¿Qué eres, es...?

¿De qué color es...?

¿De qué es...?

¿De quién es...?

¿Cómo es...?

¿Qué día es...?

USAMOS EL VERBO ESTAR PARA:

1. **localizar:**
   La camisa **está** en el armario.

2. **hablar de estados:**
   Javier **está** enfermo.
   Esta habitación **está** desordenada.

3. **expresar una actividad transitoria:**
   El jefe **está** de viaje.
   María **está** de vacaciones.

4. **la fecha:**
   Hoy **estamos a** viernes 24.

¿Dónde está/n...?

¿Cómo está...?

¿A cuántos estamos...?

⇨ **ADJETIVOS**

bueno		**buen**
malo		**mal**
primero	**delante de sustantivo masculino singular**	**primer**
tercero		**tercer**
alguno		**algún**
ninguno		**ningún**

Hoy hace un buen día. Hoy hace un día bueno.   ¿Tienes algún libro de historia?

Ningún ciclista puede correr a 120 km/h.   Vivo en el tercer piso.

El primer día de clase es un poco difícil.   Vivo en el tercero.

grande	delante de sustantivo masculino o femenino singular	**gran**

Antonio Muñoz Molina es un gran escritor.

Vamos a hacer una gran fiesta.

PRACTICAMOS LA GRAMÁTICA

I. COMPLETA CON *SER* O *ESTAR*.

1. ⊙ ¿De dónde _____ María?
   ○ De un pueblo de Navarra.

2. ⊙ ¿Dónde _____ el gato?
   ○ En la terraza.

3. ⊙ La habitación _____ sucia.
   ○ Sí. Tengo que limpiarla.

4. ⊙ Esta casa _____ grande.
   ○ Sí. Tiene cinco dormitorios, tres cuartos de baño, salón, comedor y despacho.

5. ⊙ Esta mesa _____ antigua, ¿verdad?
   ○ Sí. Creo que tiene más de cien años.

6. ⊙ _____ las 12. Los bancos _____ todavía abiertos.
   ○ Claro, no cierran hasta las 2.

7. ⊙ Ese bar _____ muy barato.
   ○ Pero la comida es bastante mala.

8. ⊙ Mi bolígrafo _____ roto, ¿puedes prestarme uno, por favor?
   ○ Sí, ahora mismo.

9. ⊙ Luis _____ muy nervioso.
   ○ Es normal, ha tomado tres cafés y sólo son las 11.

10. ⊙ Esta ciudad _____ muy tranquila.
    ○ Sí, es verdad, por eso me gusta.

II. HAZ DIEZ FRASES CORRECTAS.

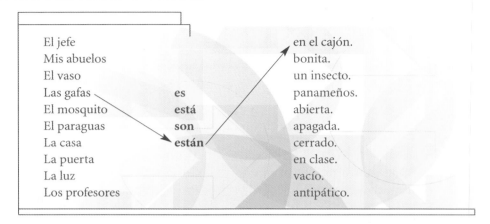

El jefe		en el cajón.
Mis abuelos		bonita.
El vaso		un insecto.
Las gafas	es	panameños.
El mosquito	está	abierta.
El paraguas	son	apagada.
La casa	están	cerrado.
La puerta		en clase.
La luz		vacío.
Los profesores		antipático.

III. COMPLETA CON *SER* O *ESTAR*.

1. ⊙ ¿Por qué no ha venido Isidoro a trabajar?
   ○ Porque _____ enfermo.
2. ⊙ El norte de España _____ muy verde.
   ○ Porque llueve mucho.
3. ○ ¿Por qué _____ tan contento?
   ⊙ Porque he aprobado todos los exámenes.
4. ⊙ A veces _____ difícil entender a los españoles.
   ○ Sí. **Es que** algunos hablan muy rápido.
5. ⊙ _____ muy guapa con el pelo corto.
   ○ Gracias, Manuel.

6. ⊙ ¿Qué _____ Juan Luis?
   ○ _____ profesor de yoga; _____
   budista y vegetariano.
7. ⊙ ¿Qué hora _____ ?
   ○ _____ la una menos cuarto.
8. ⊙ ¿Para quién _____ ese regalo?
   ○ _____ para mi tío Eduardo; **es que**
   hoy es su cumpleaños.
9. ○ ¿A qué día _____ hoy?
   ⊙ _____ a 15.
10. ⊙ ¿Qué le pasa a tu hermano?
    ○ Que _____ de mal humor.

PARA ACLARAR LAS COSAS

● Es que: *porque.*

IV. UNE LAS DOS COLUMNAS.

1. El Guernica, de Picasso   a. está de mal humor.
2. Por favor, ¿la señora Alonso?   b. está de viaje.
3. Clara tiene un problema.   c. está en el museo Reina Sofía.
4. La biblioteca municipal   d. están de vacaciones.
5. ¿Los servicios, por favor?   e. está enfermo.
6. Cristina está hoy muy alegre.   f. está en paro.
7. Como no encuentra trabajo   g. está triste.
8. ¿Dónde está Ildefonso?   h. está de buen humor.
9. Mis hermanos están en Cancún   i. están en la primera planta.
10. El director está enfadado   j. está en la Diputación.

avance: curso de español   unidad 8
105

V. COMPLETA SI ES NECESARIO.

1. Los sobrinos de Antonia son muy simpátic___ .
2. ¿Conoces algún__ restaurante mexican__ ?
3. Juan es un buen__ amigo. Es muy agradabl__ .
4. Vamos a hacer una gran__ fiesta el jueves.
5. El suegro de Vicente vive en el primer__ piso y él, en el tercer__ .
6. Mis hermanos son muy alegr__ .
7. La nieve es blanc__ .
8. Los días en invierno son muy frí__ .
9. Est__ tema es muy interesant__ .
10. Es__ estudiantes están un poco seri__ .

VI. ORDENA.

1. cansado / mucho / ha / porque / Alfredo / corrido / está
   _____
2. muchas / América / Paulino / en / ha / veces / estado
   _____
3. el / españoles / mucho / gusta / los / tomar / A / sol / les
   _____
4. a / ir / tengo / playa / ganas / No / la / de / ahora
   _____
5. literatura / La / muy / de / clase / interesante / es
   _____
6. mío / rotulador / no / Ese / es / negro
   _____
7. ya / limpias / Las / están / copas
   _____

VII. COMPLETA LAS PREGUNTAS PARA ESTAS RESPUESTAS:

1. ⊙ ¿ _____ pasa?
   ○ Me duele mucho la cabeza.
2. ⊙ ¿ _____ piso?
   ○ Pequeño, pero muy cómodo y soleado.
3. ⊙ ¿ _____ ese abrigo?
   ○ Creo que es de Matilde.
4. ⊙ ¿ _____ tu mujer?
   ○ Muy bien. Gracias.
5. ⊙ ¿ _____ frecuencia vas al cine en versión original?
   ○ Dos veces al mes.
6. ⊙ ¿ _____ parece la clase de Lingüística?
   ○ Un poco aburrida.
7. ⊙ ¿ _____ estudias español?
   ○ Para trabajar en una empresa de productos químicos en Valparaíso.
8. ⊙ ¿ _____ día _____ hoy?
   ○ Estamos a 27 de julio.
9. ⊙ ¿ _____ hoy el jefe de personal?
   ○ Está de muy mal humor, como casi siempre.
10. ⊙ ¿ _____ esa chica tan elegante?
    ○ Creo que es la novia de Álvaro.

VOCABULARIO

I. ADJETIVOS DEL CARÁCTER:

simpático/a	antipático/a
optimista	pesimista
inteligente	tonto/a
abierto/a	introvertido/a
generoso/a	tacaño/a
alegre	triste
divertido/a	aburrido/a
trabajador/a	vago/a
tranquilo/a	nervioso/a
educado/a	maleducado/a

¿Cómo es Manolo?   o   **¿Qué tal es** Manolo?
¿Cómo es Paula?   o   **¿Qué tal es** Paula?

II. MÁS NÚMEROS:

3.000
tres mil

3.001
tres mil uno

3.022
tres mil veintidós

3.543
tres mil quinientos cuarenta y tres

4.000
cuatro mil

5.000
cinco mil

6.000
seis mil

7.000
siete mil

100.000
cien mil

100.007
cien mil siete

200.034
doscientos mil treinta y cuatro

406.982
cuatrocientos seis mil novecientos ochenta y dos

642.107
seiscientos cuarenta y dos mil ciento siete

1.000.000
un millón

1.890.515
un millón ochocientos noventa mil quinientos quince

2.000.000
dos millones

PARA ACLARAR LAS COSAS

En español se dice así:
dos millones de coches.
39.500.000 habitantes: *treinta y nueve millones y medio de habitantes.*

EJERCICIOS

I. UNE LA DEFINICIÓN CON EL ADJETIVO CORRESPONDIENTE.

ES

1. Siempre se está moviendo, habla rápido y no duerme muy bien.   a. pesimista
2. Resuelve los problemas matemáticos rápidamente.   b. introvertido
3. Invita, hace regalos y presta muchas cosas.   c. divertido
4. Es relajado, no habla nunca demasiado alto y se enfada poco.   d. vago
5. No da las gracias, ni pide las cosas por favor.   e. generoso
6. Lo ve todo de color negro.   f. trabajador
7. No cuenta sus problemas y demuestra poco sus sentimientos.   g. inteligente
8. Siempre hace todas sus tareas y está activo.   h. nervioso
9. Es muy simpático y animado.   i. maleducado
10. Le encanta pasar horas y horas tumbado en el sofá.   j. tranquilo

II. LEE EN VOZ ALTA ESTAS FRASES:

1. Las islas Baleares tienen 745.944 habitantes.
2. Ávila está a 1.131 metros sobre el nivel del mar.
3. Más de 450 millones de personas hablan español.
4. Caracas es la capital de Venezuela y tiene 1.765.029 habitantes.
5. Valparaíso es una región del centro de Chile. Tiene una extensión de 16.109 km².
6. San Sebastián está a 488 km de Madrid.
7. El río Amazonas tiene una longitud de 6.280 km.
8. El pico más alto de los Andes se llama Aconcagua y mide 6.959 m.
9. ¿Cuál es el número del Consulado? Es el 952 32 30 70.
10. La Pampa es una región argentina que tiene una extensión de 700.000 km².

▬ ACTIVIDADES ▬▬▬▬▬▬▬

DE TODO UN POCO ▬▬▬▬▬▬▬▬

I. ¿A QUIÉN LE HA TOCADO EL VIAJE QUE HA RIFADO EL BANCO? INTENTA AVERIGUARLO CON LAS PISTAS QUE TE DAMOS.

1. No está riendo.
2. No es rubio/a.
3. No lleva gafas.
4. No está de perfil.
5. No lleva nada en la cabeza.

6. No es muy guapo/a.
7. La tarjeta no está en su mano, ni en su frente, ni en su cabeza.
8. Es delgado/a.
9. Está entre dos personas morenas.

II. JUEGO DE MEMORIA Y RAPIDEZ. EN PAREJAS. PREGUNTA A TU COMPAÑERO *QUÉ ES / SON* Y *DÓNDE ESTÁ/N*.

Comprueba las respuestas con tu profesor.

Jugador número 1	¿Qué es / son?	¿Dónde está/n?
El Ebro		
Salamanca		
Ceuta		
Los Pirineos		
El Teide		
El Amazonas		
Lima		
Barcelona		
Los Andes		
Buenos Aires		

Jugador número 2	¿Qué es / son?	¿Dónde está/n?
Valencia		
Las Canarias		
Melilla		
El Guadalquivir		
Zaragoza		
Panamá		
La Pampa		
Cuba		
La República Dominicana		
El Paraná		

III. En grupos. Pregunta a tu compañero/a cómo es y qué hace una persona

intelectual	conservadora
introvertida	artista
vividora	seductora
adicta al trabajo	ecologista

Ejemplo: Una persona **adicta al trabajo** no tiene horarios. Habla muchísimo por el móvil. Viaja con frecuencia, pero siempre con su ordenador portátil. A veces come trabajando, y otras veces, trabaja por la noche con su ordenador en la cama. Normalmente va bien vestida. Tiene muy poco tiempo para su familia y para sus amigos.

ASÍ SE HABLA

Expresar alegría
¡Qué bien!
¡Qué suerte!
¡Enhorabuena!

Expresar tristeza
¡Qué pena!
¡Qué lástima!
¡Qué mala suerte!

Expresar sorpresa
¿Sí?
¿De verdad?
¡No me digas!

Expresar enfado
Estoy harto/a
¡Qué rollo!

⊙ He aprobado el examen.
○ ¡Qué bien!
⊙ Joaquín no puede venir de excursión. Tiene fiebre.
○ ¡Qué pena!
⊙ Otra vez tengo que trabajar el sábado. Estoy harto.
⊙ Me ha tocado un coche en un sorteo.
○ ¡Qué suerte!
⊙ Mar se ha peleado con su novio.
○ ¿Sí? Me parece increíble.

TE TOCA (pareja o en grupo)

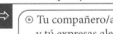

⊙ Tu compañero/a te comenta algo, y tú expresas alegría, enfado, sorpresa o tristeza:

Suspender un examen.
Trabajar toda la noche.
Ganar un concurso de baile.
Perder el pasaporte.
No poder ir de viaje.
Comprar una casa grande y bonita.
No tener agua en casa.
Encontrar un trabajo muy bueno.
Casarse el jefe con su secretaria.

EN SITUACIÓN

EN EL RESTAURANTE

⊙ Buenas noches, señores. Ahora mismo les traigo la carta. ¿Quieren algo de beber?

○ Sí, tres cervezas y un agua mineral con gas, por favor.

⊙ Enseguida.

___

○ Camarero, por favor.

⊙ Sí, dígame.

○ ¿Qué queso lleva la ensalada griega?

⊙ Queso griego, señora.

○ Bien; de primero queremos dos ensaladas griegas y dos sopas de pescado.

⊙ ¿Y de segundo?

○ Un lenguado con salsa de mantequilla, una brocheta de cerdo, un rape a la marinera y un entrecot a la pimienta.

⊙ ¿Van a continuar con la cerveza?

○ No, queremos un vino, ¿cuál nos recomienda?

⊙ El de la casa, es un buen rioja .

○ De acuerdo.

___

⊙ ¿Van a tomar postre?

○ ¿Qué tienen?

⊙ Tarta de chocolate, de fresa, de limón, copa de helado, natillas, flan con nata... De fruta natural: melón, manzanas, plátanos y fresas con nata.

○ Pues nos trae una copa de helado, dos flanes y melón.

⊙ De acuerdo, ¿van a tomar café?

○ Sí, dos solos y uno con leche.

___

○ Camarero, por favor, ¿nos trae la cuenta?

⊙ Ahora mismo.

Restaurante La cocina de Silvia

Ensaladas

Ensalada mixta	3,00 euros
(lechuga, pepino, tomate, cebolla, espárragos y aceitunas)	
Ensalada griega *(tomate, aceitunas negras y queso)*	3,10 euros
Ensalada tropical *(aguacate, piña y kiwi)*	3,20 euros

Sopas

Consomé	2,80 euros
Sopa de pescado	3,00 euros
Sopa de cebolla	2,95 euros
Gazpacho *(frío)*	2,75 euros

Huevos

Tortilla de patatas	3,95 euros
Huevos a la cubana	4,00 euros
(con plátano frito y salsa de tomate)	
Huevos revueltos con champiñón	3,85 euros

Pescados

Merluza *(frita / plancha / a la vasca)*	7,60 euros
Rape a la marinera	8,00 euros
Salmón al cava	7,80 euros
Lenguado en salsa de mantequilla	8,00 euros

Carnes

Entrecot a la pimienta verde	7,90 euros
Solomillo de ternera al queso de cabrales	8,00 euros
Brocheta de cerdo	7,50 euros
Pollo al ajillo	7,45 euros

Postres

Tarta de chocolate, de fresa, de limón	2,75 euros
Copa de helado	2,75 euros
Natillas	2,75 euros
Flan con nata	2,75 euros
Fresas con nata	2,75 euros
Fruta del tiempo	2,50 euros

Gran selección de vinos de Rioja y Ribera del Duero.
Gran selección de cavas catalanes.

TE TOCA (en grupo)

⊙ Vais a un restaurante a almorzar o cenar. Tenéis la carta de un restaurante y las estructuras en el texto de la situación. Haced preguntas entre vosotros y al camarero.

COMO LO OYES

I. Di si son verdaderas o falsas estas afirmaciones:

	V	F
En España el aceite de oliva y el vino se consumen diariamente.	❏	❏
España produce mucho café y cacao.	❏	❏
El tabaco es un producto de origen español.	❏	❏
En México los melocotones se llaman duraznos.	❏	❏
El desayuno en España es fuerte.	❏	❏
La comida más importante en España es el almuerzo.	❏	❏
En España se cena entre las 18 y las 20.	❏	❏

II. Escribe con números las cifras que vas a oír.

_____ _____ _____

_____ _____ _____

LEE

En España (como en muchos países del Mediterráneo) se produce vino. El vino de Rioja, así como el vino de la Ribera del Duero son los más famosos, pero también hay otras zonas productoras de vinos de gran calidad que no son tan conocidas fuera de nuestro país.

Hay cuatro tipos de vino por su color: el tinto (de color rojo fuerte), el blanco (de uva blanca), el rosado (de uva negra con la técnica del blanco) y el clarete (mezcla de uva negra y blanca).

En España, una buena comida debe ir siempre acompañada de un buen vino. Además de estos vinos, también existen vinos aperitivos (el jerez, por ejemplo) o el cava (vino espumoso). En nuestro país es normal "salir de vinos", es decir, salir con los amigos a tomar tapas acompañadas de vino. Muchas veces, regalamos vino a nuestros amigos.

Los médicos recomiendan beber una copa de vino tinto en la comida, ya que sus efectos son beneficiosos para la circulación sanguínea.

En pocas palabras, la cultura del vino forma parte de nuestra cultura.

CONTESTA A ESTAS PREGUNTAS:

- ¿El vino rosado se hace con uvas blancas?
- ¿El jerez se toma con la comida?
- ¿Qué diferencia existe entre el rosado y el clarete?
- ¿Es fácil encontrar vinos españoles en tu país? ¿De qué regiones?

ESCRIBE

LEE CON ATENCIÓN ESTOS ANUNCIOS DE EMPLEO:

MODISTA profesional con experiencia en patronaje industrial se ofrece a empresas o tiendas. 678023145

GUÍA de turismo con amplia experiencia en Europa y Andalucía, 5 idiomas. Ofrece sus servicios a touroperadores. Interesados llamar al teléfono 952051467

SE OFRECE persona responsable para ayuda doméstica o cuidar niños, sólo por las tardes y fines de semana en Málaga capital. Llamar de 14:30 a 15:30 al 952612351

TIENES UNAS HORAS LIBRES Y NECESITAS UN POCO DE DINERO. REDACTA UN ANUNCIO OFRECIÉNDOTE PARA UNO DE ESTOS TRES TRABAJOS

a. Quieres trabajar de jardinero en casas privadas los fines de semana.
b. Te gustaría cuidar personas mayores por la noche.
c. Tienes moto y estás interesado en repartir comida a domicilio.

Eso no se dice:	Se dice:
~~Serioso~~	Serio
~~Cinco millón pesetas~~	Cinco millones de pesetas

REPASO DE LAS UNIDADES 5, 6, 7 Y 8

ELIGE LA RESPUESTA CORRECTA

1. ⊙ ¿Va a venir Fernando a cenar?
   ○ _____ .
   a) Creo sí   b) Me parece que no

2. ⊙ Para _____ la clase de filosofía _____ muy
   interesante.
   a) mí / es   b) yo / está

3. ⊙ ¿Crees que Elisa ha comprado el regalo?
   ○ _____ .
   a) No tengo idea   b) Ni idea

4. ⊙ (En la frutería.) ¿Qué _____?
   a) le pongo   b) va a estar

5. ⊙ ¿ Cual es el fruto del olivo?
   ○ Es _____ .
   a) la aceituna   b) el pepino

6. ⊙ Camarero, por favor _____ cerveza.
   a) otra   b) una otra

7. ⊙ ¿Conoces _____ país centroamericano?
   ○ No. No conozco _____ .
   a) algún / ninguno b) alguno / alguno

8. ⊙ No sé _____ de _____ tema.
   a) nada / este   b) algo / esta

9. ⊙ A las 12 _____ a la escuela para recoger
   el certificado.
   a) tengo ir   b) debo ir

10. ⊙ ¿En qué sección puedes comprar un bolso?
    a) En la de complementos.
    b) En la de electrodomésticos.

11. ⊙ ¿Quién _____ cómo se hace la paella?
    a) conoce   b) sabe

12. ⊙ ¿ _____ sirve un ordenador?
    a) Cómo   b) Para qué

13. ⊙ Hoy _____ mi nuevo jefe.
    a) he conocido a   b) he encontrado

14. ⊙ Adela _____ del viaje muy _____ .
    a) ha volvido / casada b) ha vuelto / cansada

15. ⊙ ¿Y las gafas?
    ○ _____ tengo en mi bolso.
    a) Las   b) Los

16. ⊙ No me gusta _____ la ópera.
    ○ A mí _____ .
    a) poco / también b) nada / tampoco

17. ⊙ ¿Hay _____ contigo?
    ○ No, no hay _____ . Estoy solo.
    a) alguien / nadie.   b) algún persona / ningún
    persona.

18. ⊙ ¿ _____ esta mañana?
    ○ He ido a la playa.
    a) Cuál has hacido   b) Qué has hecho

19. ⊙ _____ se pone alrededor del cuello.
    a) La corbata   b) El reloj

20. ⊙ Los calcetines de Eduardo son _____ .
    a) azul   b) azules

21. ⊙ (En una tienda de ropa) El vendedor:
    ¿ _____ tiene usted?
    a) Qué talla   b) Qué tamaño

22. ⊙ Tengo que comprarme _____ tres camisas.
    a) cuantas menos   b) por lo menos

23. ⊙ Lo contrario de "Este pantalón me está ancho"
    es: _____
    a) Este pantalón me queda metido
    b) Este pantalón me queda estrecho

24. ⊙ "Actualmente" significa: _____ .
    a) "Ahora"   b) "Realmente"

25. ⊙ (En una zapatería) El vendedor: _____ .
    a) ¿En qué puedo ayudarle?   b) ¿Qué le pongo?

26. ⊙ ¿Cómo es la dieta mediterránea?
    ○ Es _____ .
    a) perjudicial   b) saludable

27. ⊙ ¿_____ el piso que te has comprado?
    ○ Junto a la estación de autobuses.
    a) Dónde está   b) Adónde es

28. ⊙ ¿ _____ países se produce café?
    a) Cuáles   b) En qué

29. ⊙ ¿ _____ la nueva secretaria?
    ○ Ordenada, trabajadora y parece bastante amable.
    a) Cómo está   b) Qué tal es

30. ⊙ ¿Qué te parece el nuevo apartamento de Lucas?
    ○ _____ .
    a) Está bien   b) Es bien

31. ⊙ ¿Dónde está Cataluña?
    ○ _____ .
    a) En el sudeste de España   b) En el nordeste
                                    de España

REPASO DE LAS UNIDADES 5, 6, 7 Y 8

32. ⊙ El Guernica de Picasso está en el Museo _____ .
  a) de El Prado   b) Reina Sofía (Madrid)
  (Madrid)

33. ⊙ El reloj se pone en _____ .
  a) el pie   b) la muñeca

34. ⊙ Camarero, por favor ¿nos trae _____ ?
  a) la factura   b) la cuenta

35. ⊙ La merienda se toma entre _____ .
  a) el desayuno   b) el almuerzo y la cena
  y el almuerzo

36. ⊙ Me encanta el frío.
  ○ Pues a mí _____ .
  a) no   b) tampoco

37. ⊙ Como muy despacio.
  ○ _____ .
  a) Mi también   b) Yo no

38. ⊙ La ropa de caballero está en el _____ piso.
  a) tercer   b) tercero

39. ⊙ La gente de la oficina _____ enfadada
  porque no hay refrigeración.
  a) está   b) son

40. ⊙ ¿Vas a terminar el informe para las 20?
  ○ _____ .
  a) No soy segura   b) Creo que no

REPASO DE ORTOGRAFÍA

A) Completa con G/GU/GÜ
1. El ___ato está en el tejado.
2. La ___erra es terrible.
3. Los pin___inos necesitan un clima frío.
4. Hay muchas personas que tocan la ___itarra, pero muy pocas la tocan perfectamente.

B) Completa con R o con RR
1. No sé qué le pasa al novio de Adela, que últimamente siempre está bo___acho.
2. Antonio es muy inteligente y muy cu___ioso.
3. En___ique llega a casa al___ededor de las ocho.
4. Mi bisabuelo fuma cinco ciga___illos al día.

PASATIEMPOS

Adivinanzas

a) ¿Qué es?
  Verde por fuera, blanca por dentro. Si quieres que te lo diga, espera.
  __ ____

b) ¿Qué soy?
  Cuando me pronuncias, desaparezco.
  __ ____

c) ¿Qué soy?
  Soy una parte del cuerpo que siempre estoy tapada, pero siempre estoy mojada.
  __ _____

Definiciones

1. Alimento de origen vegetal que sirve para freír __ __ __ __ ⊙ __ __ __
2. Producto vegetal que se utiliza para elaborar el ron __ __ __ __ __ __ __ __ __ __ __ __ __ __
3. Comida hecha con arroz, pescado, carne y verduras __ __ __ __ __ __
4. Persona que ve la vida de color rosa __ __ __ __ __ __ __ __ __
5. Lugar donde podemos consultar libros __ __ __ __ __ __ __ __ __
6. Utensilio que sirve para tomar la sopa __ __ __ __ __ __
7. Los cinturones, los bolsos, los guantes son: __ __ __ __ __ __ __ __ __
8. Fruta de primavera y verano que se toma, a veces, con nata __ __ __ __ __ __
9. Mueble que se utiliza para guardar cosas __ __ __ __ __ __ __
10. El congelador y la secadora son __ __ __ __ __ __ __ __ __ __ __

UNIDAD 9

Si tú me dices ven

 PRETEXTO

Invierte en justicia

Gana en solidaridad

Manos Unidas

La solidaridad
da sentido a tu vida.
Practícala.
Trabajamos para la justicia

Cáritas
Trabajemos por la justicia

Recuerda,
mañana sábado con Mi País
consigue tu rasca y gana

EL PAIS
MÁS QUE UN DIARIO

CONTESTA A ESTAS PREGUNTAS:

Las formas en cursiva se parecen a otra forma verbal que ya conoces, ¿a cuál?

¿Puedes decir cuál es el infinitivo de cada verbo?

¿Para qué crees que sirven esas formas verbales?

¿Crees que la gente invierte en justicia o en otras cosas?

unidad 9   avance: curso de español
116

CONTENIDOS GRAMATICALES

IMPERATIVOS REGULARES:

Recordad que en Hispanoamérica usan *ustedes* como plural de *tú* y de *vosotros*.

	-AR	-ER	-IR
tú	habl-**a**	com-**e**	viv-**e**
usted	habl-**e**	com-**a**	viv-**a**
vosotros	habl-**ad**	come-**ed**	viv-**id**
ustedes	habl-**en**	com-**an**	viv-**an**

TRES TRUCOS PARA RECORDAR LAS FORMAS:
a. Para la forma *vosotros* basta con cambiar la **-r** del infinitivo por una **–d**:
hablar / hablad.
b. para la forma *usted / ustedes* basta con cambiar la letra de la terminación:
-a por **–e**, o la **-e** por **–a**:
habla/ hable;   come / coma;   vive / viva.
c. Para la forma *tú* usa la tercera persona de singular del presente.
  ⊙ Tengo un problema con Juan.   ⊙ Tengo que adelgazar.
  ○ Pues habla con él para aclararlo.   ○ Es fácil: **come** menos dulces.

IMPERATIVOS IRREGULARES:

Algunos imperativos tienen la misma irregularidad del presente:

	CERRAR	VOLVER	PEDIR
tú	c**ie**rra	v**ue**lve	p**i**de
usted	c**ie**rre	v**ue**lva	p**i**da
vosotros	cerrad	volved	pedid
ustedes	c**ie**rren	v**ue**lvan	p**i**dan

Fíjate: la forma *vosotros* siempre es regular y puedes aplicar el mismo truco que antes.
  ⊙ **Cierra** la ventana, por favor, que hace frío.   ⊙ El director no está, **vuelvan** mañana a las 10.
  ○ Ahora mismo.   ○ Es que nunca está en su despacho.

OTROS IMPERATIVOS TIENEN IRREGULARIDAD PROPIA:

	DECIR	HACER	IR	PONER	SALIR	SER	TENER	VENIR
tú	di	haz	ve	pon	sal	sé	ten	ven
usted	diga	haga	vaya	ponga	salga	sea	tenga	venga
vosotros	decid	haced	id	poned	salid	sed	tened	venid
ustedes	digan	hagan	vayan	pongan	salgan	sean	tengan	vengan

  ⊙ Francis, **pon** la mesa, que ya vamos a comer.
  ○ ¡Bien! Estoy muerto de hambre.

IMPERATIVOS Y PRONOMBRES:

> Imperativo + lo, la, los, las.

⊙ ¿Dónde pongo los periódicos?
○ **MétSelos** en esa bolsa y **llévalos** al contenedor.
⊙ La solidaridad da sentido a tu vida, **practícala**.

USAMOS *EL IMPERATIVO* PARA:

⇨ **Dar consejos e instrucciones:**
⊙ Tengo que adelgazar.
○ Es fácil, **come** menos dulces.
⊙ Si salís este fin de semana, **tened** cuidado, hay mucha gente en las carreteras.
○ Tranquila, que no vamos lejos.
⊙ Para hacer un buen cocido, **deja** los garbanzos en remojo.
○ Ya, pero yo no tengo tiempo de hacer cocido, ni nada parecido.

⇨ **Pedir algo a otros:**
Fíjate: detrás de una orden en imperativo, a veces usamos *que* + frase para justificarla.
⊙ Francis, **pon** la mesa, **que ya vamos a comer.**
○ ¡Bien! Estoy muerto de hambre.
⊙ El director no está, **vuelvan** mañana a las 10.
○ Es que nunca está en su despacho.

⇨ **Conceder permiso:**
⊙ ¿Puedo abrir ya el regalo?
○ ¡Claro! **Ábrelo.**
⊙ ¿Qué te parece si hago una paella para la comida del domingo?
○ Por mí, **hazla**, me encanta la paella.

FRASES CONDICIONALES:

> *Si* + presente de indicativo, + presente de indicativo / *ir a* + infinitivo / imperativo.

Si no entendéis alguna palabra, podéis usar el diccionario.
Si el examen es muy difícil, no va a aprobar nadie.
Si queréis estar en forma, haced ejercicio todos los días.

PRACTICAMOS LA GRAMÁTICA

I. COMPLETA ESTOS DIÁLOGOS CON LA FORMA CORRECTA. FÍJATE EN LOS PRONOMBRES.

1. ⊙ ¿Puedo abrir la ventana? Es que hace mucho calor.

   ○ Claro, (abrirla) _____.

2. ⊙ Si vas a salir, (coger, tú) _____ el paraguas, que está lloviendo.

   ○ ¡Qué exagerada! Sólo **caen cuatro gotas**.

3. ⊙ ¿Quieres algunos consejos para el primer día de clase?

   ○ Por supuesto.

   ⊙ (Hablar) _____ despacio, pero no demasiado; si no te entienden, (usar) _____ las manos
   para explicarte; (buscar) _____ formas sencillas de decir las cosas y (tener) _____ paciencia.

4. ⊙ ¿Qué hago con estos periódicos?

   ○ (Meterlos) _____ en una bolsa y (tirarlos) _____ al contenedor.

5. (En el contestador)

   ⊙ Hola, no estamos en casa. Por favor, (dejar, usted) _____ su recado después de la señal. Gracias.

6. ⊙ ¡Cómo me duele la cabeza!

   ○ ¡Normal! Estás encerrado todo el día. (Dejar, tú) _____ el ordenador durante un rato,
   (dar) _____ un paseo y (respirar) _____un poco de aire puro.

7. ⊙ (Abrir, vosotros) _____ el libro por la página 59 y (hacer) _____la primera actividad en parejas.

   ○ ¿Podemos usar el diccionario?

   ⊙ Bueno, (usarlo) _____, pero sólo si es necesario.

PARA ACLARAR LAS COSAS

● Caer cuatro gotas: *llover muy poco.*

II. AQUÍ TIENES DIEZ CONSEJOS PARA DISFRUTAR MÁS DE TUS ESPERADAS VACACIONES. PON LOS INFINITIVOS EN IMPERATIVO Y ORDÉNALOS SEGÚN SU IMPORTANCIA.

__ (Hacer) _____ deporte en compañía.

__ (Empezar) _____ el día con calma.

__ (Pasar) _____ menos tiempo viendo la televisión.

__ (Realizar) _____ tres veces al día diez respiraciones profundas.

__ (Usar) _____ lo menos posible el ordenador portátil.

__ Si vas a pasar las vacaciones en tu casa, (olvidar) _____ todas las tareas
habituales y (descansar) _____.

__ (Tener) _____ cuidado con el móvil, (hablar) _____ sólo lo necesario.

__ (Contemplar) _____ la naturaleza y (disfrutar) _____ de su belleza.

__ (Dar) _____ algo a alguien **de corazón.**

__ (Hacer) _____ algo agradable y **sin sentido práctico.**

PARA ACLARAR LAS COSAS

● De corazón: *sinceramente, sin esperar nada.*
Sin sentido práctico: *porque sí, sin pensar en si es útil o no.*

III. COMPLETA CON LA FORMA CORRECTA DEL IMPERATIVO.

Ejemplos: ¡Chicos! **Apagad** los cigarrillos, que aquí está prohibido fumar.

1. Tienes frío, la ventana está abierta. ¿Qué le dices a tu compañero? (Cerrar) _____.
2. Es la hora y Katia (la perra) tiene que salir. ¿Qué les dices a tus hijos? (Sacar) _____.
3. El salón está muy desordenado. Va a venir gente a cenar. Habla con tus compañeros. (Recoger) _____.
4. Tu amigo siempre llega tarde. ¿Qué le aconsejas? (Ser) _____ más puntual.
5. Hay problemas con el agua. ¿Qué dice la campaña del ayuntamiento a los ciudadanos?
   (Gastar) _____ sólo lo necesario.
6. Tú no puedes cocinar hoy porque tienes clase a las tres.
   Tu compañera tiene más tiempo. ¿Qué le pides? (Hacer) _____.
7. Tu hermana te ha pedido tu mochila para ir de acampada. ¿Se la dejas? Sí, (coger)_____.

IV. COMPLETAD LAS FRASES, COMO EN EL EJEMPLO, DE FORMA QUE TENGAN SENTIDO.

Podéis usar las ideas del recuadro u otras más originales.

> ⇨ *llamar tú a alguien;   comprar un antivirus;   parar en un sitio poco peligroso;   coger un taxi y volver al hotel;   subir a su casa y protestar;   ir a la policía;   decir algo divertido.*

Ejemplos: Si estás de vacaciones y llueve todo el tiempo, vuelve a casa y deja las vacaciones para
         otro momento.

1. Si te roban en la calle, _____
2. Si en una autopista ves que tu coche no tiene gasolina, _____
3. Si entra un virus en tu ordenador, _____
4. Si tus vecinos ponen la música a tope hasta las cinco de la madrugada, _____
5. Si durante una semana nadie te llama por teléfono, _____
6. Si te pierdes en una ciudad desconocida y no puedes comunicarte con la gente, _____
7. Si tu profesor/a no está de buen humor, _____

V. EN LA UNIDAD 5 HAS APRENDIDO A DAR CONSEJOS Y A EXPRESAR OBLIGACIÓN. RELACIONA ESTAS COLUMNAS DE FORMA QUE TENGAN SENTIDO.

1. ⊙ No sé qué hacer para **aprobar**.
2. ⊙ ¿Ya tienes el permiso de conducir?
3. ⊙ ¿Vienes a clase?
4. ⊙ Quiero ir a un buen abogado.
5. ⊙ ¿Dónde pueden estar las llaves?
6. ⊙ Oye, están llamando. ————————▶
7. ⊙ Me parece que cada día hablo peor.

a. ○ ¡No, mujer! Pero debes practicar más.
b. ○ Mira en tu mesa, seguro que están ahí.
d. ○ Estudia más, ¿dónde está el problema?
f. ○ No, para tenerlo hay que tener 18 años.
g. ○ Pues entonces, tienes que llamar antes y pedir cita.
h. ○ Abre tú, que yo estoy en el baño.
i. ○ Esta mañana no puedo, tengo que ir al dentista.

PARA ACLARAR LAS COSAS
● Aprobar: *pasar los exámenes.*

VI. ORDENA:

1. mucha / Ahorra / no / agua, / tenemos
2. a / viejas / y / el / salto / Deja / tus / Internet / costumbres / da
3. para / a/ decir / ayudarle / Habla / tu / con / hijo / no / las / a / drogas
4. agua / mucha / Bebe / tu / para / organismo / limpiar
5. colección / una / *Lee* / es / y / de / *disfruta* / graduadas / lecturas / extranjeros / para
6. con / Viaje / nosotros / pasarlo / si / bien / quiere
7. Haz / compras / y / tus / 31 / antes / agosto / del / gana / de / coche / un

VII. HAZ LA PREGUNTA. CONSULTA LA SECCIÓN COMUNICACIÓN PARA AYUDARTE.

1. ⊙ ¿_____?
   ○ Ven entre las 9 y las 10.
      Luego tengo clase.
2. ⊙ ¿_____?
   ○ Claro, hay sitio en el coche.
3. ⊙ ¿_____?
   ○ Vale, yo también tengo frío.
4. ⊙ ¿_____?
   ○ Si no llueve, sí.

5. ⊙ ¿_____?
   ○ No puedo, tengo mucho trabajo.
6. ⊙ ¿_____?
   ○ Mañana. Hoy ya no tengo fiebre.
7. ⊙ ¿_____?
   ○ No, está muy cerca, pero sal pronto de casa.
      Hay mucho tráfico.
8. ⊙ ¿_____?
   ○ Bueno, pero así no se ve el mar desde aquí.

VOCABULARIO

I. IMPERATIVOS QUE SIRVEN PARA EXPRESAR OTRAS COSAS.

A veces, usamos los imperativos de otra manera. **Fíjate:**

Oiga/Oye:	Para llamar la atención (de los camareros, por ejemplo).
¿Diga?/¿Dígame?:	Para contestar al teléfono (en otros países de habla hispana se usan otras fórmulas).
Venga:	Para animar a hacer algo. (En España, últimamente, se usa en las despedidas).
¡No me diga(s)!:	Para mostrar sorpresa, incredulidad.
Mira/e:	Para llamar la atención del interlocutor antes de explicar algo.

II. Partes de la casa

Aquí tenéis los nombres de las partes de una casa.

Con ayuda de vuestro profesor y del diccionario, escribidlos.

Señalad lo que falta: En este dibujo falta...

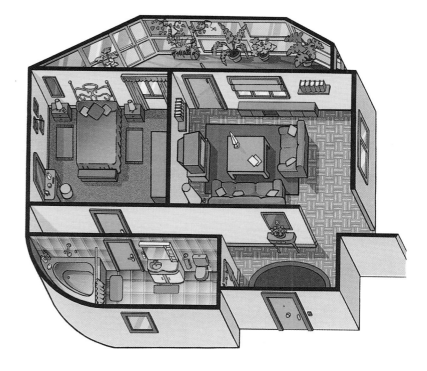

⇨ *dormitorio (principal), cuartos de baño, pasillo, cuarto de juegos, comedor, entrada, cocina, sótano, sala /salón, despacho /cuarto de estudio, terraza , trasteros, balcón /ventana, dormitorio de los niños, jardín, garaje, buhardilla, dormitorio de invitados, biblioteca, recibidor*

EJERCICIOS

I. Usa de forma apropiada los imperativos del vocabulario I en estos diálogos.

1. ⊙ Si no nos damos prisa, vamos a llegar tarde.
   ○ Es que todavía tengo que afeitarme.
   ⊙ _____, hombre, corre; luego dicen que somos las mujeres las que más tardamos.

2. ⊙ _____
   ○ Buenos días, le llamo del banco PPV para hablarle de la posibilidad de realizar operaciones bancarias por Internet.
   ⊙ Cuénteme.
   ○ _____, sólo tiene que teclear en su ordenador la dirección que le voy a dar y seguir las instrucciones. Dentro de unos días puede pasar a recoger un regalo que tenemos para usted.
   ⊙ Pues muchas gracias.

3. ⊙ ¿Sabes quién es el nuevo director del Instituto Cervantes?
   ○ No, no tengo ni idea, dímelo tú.
   ⊙ Dámaso Garrido.
   ○ _____. Seguro que está encantado.

4. ⊙ ¿Qué van a tomar los señores?
   ○ De momento, sólo tres cervezas.
   ⊙ Muy bien.
   (...)
   ⊙ _____, por favor, y también unas aceitunas.

II. Completa con las palabras del Vocabulario II.

1. Dicen los expertos que en el _____ no debemos tener ordenadores o cosas así para dormir mejor.
2. En los _____ ponemos las cosas que ya no usamos.
3. No me gustan las casas que tienen el _____ demasiado largo.
4. La _____ de mis abuelos es tan grande que podemos comer allí todos los de la familia.
5. Me gustaría tener una _____ para poder colocar todos los libros que ahora no sé dónde poner.
6. ¡Mira qué _____ tan bonita! Está llena de flores.
7. Desde el _____ de la casa de Victoria podemos ver pasar las procesiones de **Semana Santa:** vive en el centro.
8. Ahora trabajo en casa; por eso tengo un _____ que no comparto con nadie.
9. Me gustaría tener un _____ con muchos árboles y muchas plantas.
10. ¿Cuántos _____ hay en tu casa?

PARA ACLARAR LAS COSAS

● Semana Santa: *fiesta católica que recuerda la pasión y muerte de Jesucristo. Durante esos días hay desfiles con imágenes que recuerdan esos momentos.*

ACTIVIDADES

DE TODO UN POCO

I. En parejas o en pequeños grupos, pensad en un objeto cualquiera. Los demás deben adivinar qué es y en qué habitación está. Máximo, diez preguntas.

⊙ Yo he puesto una bufanda en el cuarto de baño.

II. Volved a leer bien el ejercicio II de gramática; en parejas o pequeños grupos, escribid las claves o consejos para otras cosas.

Por ejemplo: claves para aprobar sin estudiar; para aprender un idioma extranjero; para ligar con el/la más guapo/a de la fiesta y otras que podéis proponer.

III. CONSULTORIO A LA CARTA.

Escribid en un papel una consulta real o imaginaria. Poned todos los papeles juntos en la mesa de vuestro/a profesor/a. Dividid la clase en pequeños equipos y coged un papel. Tras unos minutos de reflexión, ofreced consejos. Si otro equipo tiene una idea mejor, puede aportarla.

Aquí tenéis unos ejemplos sacados de unas revistas:

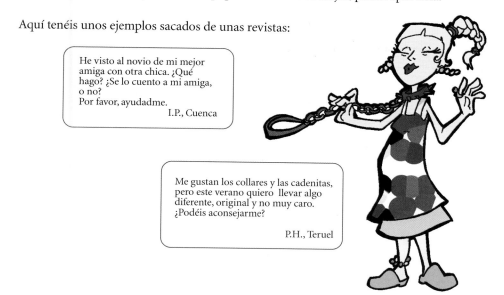

> He visto al novio de mi mejor amiga con otra chica. ¿Qué hago? ¿Se lo cuento a mi amiga, o no?
> Por favor, ayudadme.
>
> I.P., Cuenca

> Me gustan los collares y las cadenitas, pero este verano quiero llevar algo diferente, original y no muy caro. ¿Podéis aconsejarme?
>
> P.H., Teruel

ASÍ SE HABLA

Pedir favores:

El presente en forma interrogativa
¿Puede(s)
+ infinitivo...?
¿Podría(s)
¿Te
¿Le   importaría + infinitivo...?
¿Os
¿Les (esta fórmula es más cortés)

⊙ **¿Puedes** bajar (bajas) el volumen de la tele? Es que la oigo desde mi habitación.
○ Perdona, claro que sí.

⊙ **¿Te importaría** llevarme hasta la estación? Es que tengo el coche en el taller.
○ Lo siento, hoy he venido en autobús.

TE TOCA

⊙ Estás en el sofá y tu compañero/a va a la cocina; pídele una cerveza.
⊙ Pide a tu padre/madre su coche para el fin de semana.
⊙ Pide a tu marido/mujer que llame a la oficina para decir que no vas.

EN SITUACIÓN

POR TELÉFONO:

⊙ Ring, ring, ring.

○ ¿Sí? Dígame.

⊙ ¡Hola! Soy Ana, ¿está Carlos?

○ Pues no, no está en este momento. ¿Le digo
   algo de tu parte?   *can I give him a message*

⊙ Sí, por favor, que le llamo esta noche.

⎯⎯⎯⎯

⊙ Ring, ring, ring.

○ Hola, está usted llamando al 920345761. No
   estamos en este momento.
   Por favor, deje su mensaje después de la señal.
   Gracias.

⎯⎯⎯⎯

⊙ Ring, ring, ring.

○ ¿Dígame?

⊙ He llamado esta mañana, ¿podría hablar con
   Carlos?

○ Claro, ahora se pone. Carlos, para ti.

⊙ ¡Hola, Carlos! Soy Ana.

○ ¿Qué tal, Anita? ¿Cómo estás? Me alegro de oírte.

⊙ Y yo a ti. Mira, te llamo para saber si quieres venir el sábado al concierto de Alejandro
   Sanz, para **sacar las entradas.**

○ ¡Claro que quiero! Cuenta conmigo.

⊙ ¿Entonces, nos vemos el sábado antes del concierto? ¿A las 9,30?

○ Fenomenal, a las 9,30 en el "Toscano".

⊙ Muy bien. Hasta el sábado.

PARA ACLARAR LAS COSAS

● Sacar entradas: *comprar entradas.*

En otros países de América, *dígame* se dice: *¡Oigo! ¿sí? ¡Diga?* (Cuba);
¡Hola! ¿Quién habla? (Uruguay); *¡Hola! ¿Sí?* (Argentina); *¡Aló!* (Chile);
¡Aló! ¡A ver! (Colombia).

TE TOCA. (en parejas)

⊙ Llama a Luis y pregunta si quiere ir contigo a...

⊙ Deja un mensaje en el contestador de Julia y Paco.

⊙ Llama a información (1003) y pide un número de teléfono.

COMO LO OYES

I. LOS BAILES CARIBEÑOS. ESCUCHA Y DI SI ESTAS AFIRMACIONES SON VERDADERAS O FALSAS. AL FINAL DE LA CLASE, SI ALGUIEN SABE BAILAR SALSA O MERENGUE, ¿POR QUÉ NO ENSEÑA A SUS COMPAÑEROS/AS?

	V	F
⊙ Los viajes organizados nos traen los bailes caribeños.	❏	❏
⊙ A la gente le gusta bailarlos para divertirse.	❏	❏
⊙ Cuando bailamos estos ritmos tenemos miedo.	❏	❏
⊙ Es mejor bailar en parejas.	❏	❏
⊙ Para bailar salsa hay que saber los movimientos exactos.	❏	❏
⊙ Hay que andar para bailar merengue.	❏	❏

II. CÓCTELES REFRESCANTES.
ESCUCHA NUESTRA SECCIÓN "ESPECIAL VERANO" Y TOMA NOTA DE LOS INGREDIENTES. VAS A OÍR ALGUNAS PALABRAS NUEVAS; ESCRÍBELAS DEBAJO DEL DIBUJO ADECUADO.
Si quieres aprender la receta, vuelve a oír la grabación.

LEE

LEE ATENTAMENTE EL TEXTO Y RESUME LOS CONSEJOS QUE SE REFIEREN A LA FORMA DE BEBER.

- ⊙ Busca los consejos relacionados con el coche o la moto.
- ⊙ ¿Qué deben hacer los enfermos y las embarazadas?
- ⊙ Busca sinónimos de *prudencia, lugar para divertirse, evitar, leyes, sin haber comido.*

Licoristas de España

Bebe con moderación. Es tu responsabilidad.

- Disfruta de tu bebida de forma lenta y espaciada
- Conoce tus propios límites y no los sobrepases
- Evita beber en ayunas
- Consume productos de calidad en cantidades moderadas
- Selecciona un local que oferte marcas de reconocido prestigio
- Elude desplazamientos innecesarios, al seleccionar tu fiesta
- Recuerda que el coche y el alcohol no son compatibles
- Practica la abstención si estás enfermo, embarazada o padeces algún trastorno psíquico
- Respeta la normativa vigente y evita que beban alcohol los menores
- Diviértete y disfruta de la bebida de forma consciente

Aprende a beber de forma inteligente

ESCRIBE

ANTES HEMOS HABLADO DE LA CASA. COMPARA LA TUYA CON LA QUE HEMOS DESCRITO EN EL VOCABULARIO. PUEDES USAR:

- al lado de; junto a; enfrente de; entre;   - está en/cerca de
- más grande/más pequeña   - (no) me gusta porque
- tiene más/menos

Eso no se dice:
¿Es posible para mí de...?
¿Puedo tener una fotocopia?

Se dice:
¿Puedo.....?
¿Puede(s) hacerme una fotocopia?

UNIDAD 10

Hoy no me levanto

PRETEXTO

¡Cuidado! *Perforarse* la nariz, el ombligo o cualquier otra parte del cuerpo puede ser peligroso.

Bañarse es relajante, sí, pero *ducharse* ahorra agua.

¿Qué prefieres, *afeitarte* con maquinilla o con afeitadora?

Puedes *cortarte* tú misma el pelo en casa; si el resultado no te gusta, sólo tienes que esperar.

Cepillarse los dientes con bicarbonato es un "truco de la abuela" muy sano.

ESTE VERANO, LLÉVATE UN REGALO SEGURO POR LA COMPRA DE UN PACK AMENA.
Y COMPRANDO UN PACK DÚO, LLÉVATE DOS REGALOS.

ALCATEL — colchoneta
ERICSSON — super bangy hinchable
MOTOROLA — tabla bodyboard
NEC — bolsa de viaje
NOKIA — hamaca plegable
SIEMENS — toalla circular

INFÓRMATE EN LOS PUNTOS DE VENTA AMENA

amena
TU LIBERTAD.

CONTESTA A ESTAS PREGUNTAS:

¿Qué observas en los verbos en cursiva?
¿Qué puedes hacer en casa?
¿Qué es sano, pero poco habitual?
¿Qué tiene de malo bañarse?

¿Hay actividades peligrosas en estos dibujos?
¿Qué obtienes a cambio de la compra de los productos Amena?

CONTENIDOS GRAMATICALES

¿RECUERDAS LAS CONSTRUCCIONES PRONOMINALES? (U. 4)

(A mí) me		
(A ti) te	gusta	el cine
(A él/ella/usted) le		

(A nosotros/as) nos		
(A vosotros/as) os	gustan	los deportes
(A ellos/as/ustedes) les		

OTROS VERBOS PRONOMINALES:

doler
encantar
molestar
parecer

AHORA VAMOS A APRENDER LAS CONSTRUCCIONES REFLEXIVAS.

(Yo) me	lavo
(Tú) te	lavas
(Él/ella/usted) se	lava
(Nosotros/as) nos	lavamos
(Vosotros/as) os	laváis
(Ellos/as/ustedes) se	lavan

OTROS VERBOS REFLEXIVOS:

levantarse	acostarse	arreglarse
bañarse	ducharse	sentirse bien/mal
depilarse	afeitarse	maquillarse
peinarse	pintarse	caerse
casarse	divorciarse	divertirse
ponerse (algo)	quitarse (algo)	aburrirse
vestirse	desnudarse	estropearse

¿Sabes que en las saunas finlandesas hay que *desnudarse* antes de entrar?
¿A qué hora te *acuestas* normalmente? ¿Qué vas a *ponerte* para la fiesta? ¿Pensáis *casaros* algún día?

COLOCACIÓN DE LOS PRONOMBRES.

Los pronombres indirectos o reflexivos se colocan delante del verbo conjugado o detrás del infinitivo o del gerundio:

⊙ ¿*Me* puedo quitar los zapatos? / ¿Puedo quitar*me* los zapatos?   ○ Claro que sí.
⊙ *Me* estoy depilando / Estoy depilándo*me* para ir a la playa   ○ ¡Qué rollo!

SE CONSTRUYE COMO *GUSTAR*:
Caer bien o mal (una persona a otra) = me gusta/no me gusta (expresa una opinión).
Mis compañeros me caen bien/mal. Mi profesora me cae muy bien/mal.

SE CONSTRUYE COMO *LAVARSE*:
Llevarse bien/mal con alguien = entenderse/no entenderse (expresan una relación).
Me llevo bien/mal con mis compañeros. *Me llevo bien/mal* con mi profesora.

¡OJO!

Probar la comida:	Probarse un pantalón:
⊙ ¿Has probado la sopa?	⊙ ¿Puedo probarme ese pantalón?
○ Sí, está buenísima.	○ ¡Claro! Ahí están los probadores.

LAS PREPOSICIONES *PARA* Y *POR*. FÍJATE EN ESTA PUBLICIDAD:

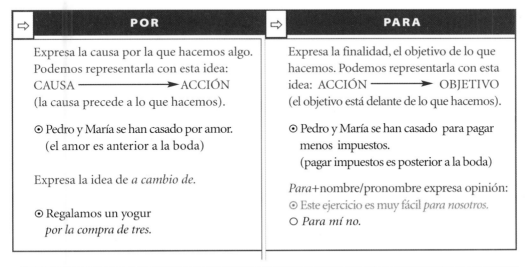

NUESTRA CIUDAD TIENE QUE SER IMPORTANTE

por nuestro clima
por nuestras playas

por la gente que vive aquí

para el aumento del turismo
para la creación de más empleo

⇨ POR	⇨ PARA
Expresa la causa por la que hacemos algo. Podemos representarla con esta idea: CAUSA ⟶ ACCIÓN (la causa precede a lo que hacemos). ⊙ Pedro y María se han casado por amor. (el amor es anterior a la boda) Expresa la idea de *a cambio de*. ⊙ Regalamos un yogur *por la compra de tres.*	Expresa la finalidad, el objetivo de lo que hacemos. Podemos representarla con esta idea: ACCIÓN ⟶ OBJETIVO (el objetivo está delante de lo que hacemos). ⊙ Pedro y María se han casado para pagar menos impuestos. (pagar impuestos es posterior a la boda) *Para*+nombre/pronombre expresa opinión: ⊙ Este ejercicio es muy fácil *para nosotros.* ○ *Para mí no.*

⇨ **¡FIJATE!** *Para / por + yo* ⟶ *para / por + mí*   *Para / por + tú* ⟶ *para / por + ti*

⇨ **OTRAS FRASES HECHAS:**
- *gracias por...*
- *por favor*
- 10 % = diez *por ciento*
- 2x2 = dos *por* dos
- *por casualidad*
- 120 km *por* hora
- *por eso*
- *por supuesto*

PRACTICAMOS LA GRAMÁTICA

I. COMPLETA CON UNO DE LOS VERBOS DEL RECUADRO Y COLOCA EL PRONOMBRE CORRECTO.

secarse   acostarse   darse   mirarse   levantarse   lavarse/limpiarse   afeitarse   pintarse

1. No debes _____ el pelo siempre con secador.
2. Está de moda _____ las uñas de negro.
3. Hay que _____ la cara todas las noches antes de _____
4. Si quieres tener una piel sin celulitis, (imperativo) _____ enérgicos masajes todos los días.
5. Si _____ , no debes olvidar usar una crema hidratante; a las chicas les gustan los chicos con piel suave.
6. Para tener una piel transparente, debes beber un vaso de agua al _____
7. Una buena forma de no deprimirse es no _____ al espejo por las mañanas.

II. COMPLETA CON UN PRONOMBRE REFLEXIVO O UN INDIRECTO. LUEGO, HAZ UNA LISTA CON TODOS LOS VERBOS REFLEXIVOS E INDIRECTOS QUE HAS ENCONTRADO.

1. ⊙ Yo _____ ducho por las mañanas para despertar _____
   ○ ¿Ah, sí? Pues yo prefiero bañar _____ por las noches para relajar _____
2. ⊙ Las madres siempre te dicen que tienes que duchar _____, peinar _____, vestir _____ bien y yo estoy harto/a. Quiero arreglar _____ como a mí _____ gusta, no como _____ gusta a mi madre.
   ○ Creo que estás **exagerando**.

3. ⊙ ¿ _____ molesta si abro la ventana?
   ○ No, en absoluto.
4. ⊙ ¿Qué _____ ha pasado?
   ○ Que _____ he cortado **al afeitar** _____
5. ⊙ ¿Qué tal el concierto de jazz?
   ○ A mí _____ ha encantado, pero a mucha gente _____ ha parecido aburrido.

PARA ACLARAR LAS COSAS

Exagerar: *decir que algo es mejor / peor; más grande / pequeño de lo que es en realidad.*
Al + infinitivo: *cuando + verbo.*

III. COMPLETA CON UNO DE LOS VERBOS SIGUIENTES:

probarse	probar	llevarse bien/mal	caer bien/mal

1. ⊙ No me gusta mucho el profesor de matemáticas.
   ○ ¿De verdad? (a mí) _____muy bien.
2. ⊙ (Yo) No _____ con la gente demasiado seria.
   ○ Pues (a mí) _____ la gente **tacaña**.
3. ⊙ _____ (yo) el bañador del año pasado y me vale.
   ○ ¡Qué suerte! Yo tengo que comprarme otro de una talla más grande.

4. ⊙ Para la cena del sábado voy a hacer cebiche.
   ○ ¿Qué es? Nunca lo he comido.
   ○ Un plato de pescado hecho a la peruana; pero espera hasta el sábado y así lo _____.
5. ⊙ ¡Qué mal _____ los alumnos nuevos!
   ○ ¿Cómo puedes decir eso, si no los conoces?

PARA ACLARAR LAS COSAS

Ser tacaño/a: *no querer gastar mucho dinero.*

IV. COMPLETA CON LAS PREPOSICIONES *PARA* O *POR*.

1. ⊙ ¿Qué tenemos que hacer _____ mejorar?
   ○ Hablar mucho español, _____ supuesto.
2. ⊙ Las carreteras están cortadas _____ la nieve y no podemos ir en coche.
   ○ No pasa nada, _____ eso vamos a ir en avión.
3. ⊙ Toma, este regalo es _____ ti.
   ○ ¿ _____ mí? ¿ _____ qué?
   ○ _____ tu cumpleaños.
   ○ Muchas gracias _____ acordarte.

4. ⊙ Éste es el sitio ideal _____ el Congreso.
   ○ No sólo _____ el Congreso; también _____ cualquier reunión con mucha gente.
5. ⊙ Sabemos que usted ha comprado un Volvo _____ tres razones importantes: _____ su precio, _____ su bajo consumo y, sobre todo, _____ la seguridad de su familia. Nosotros lo hemos fabricado _____ personas como usted.

V. RECUERDA LA UNIDAD 3 Y LAS PREPOSICIONES *A, DE, EN*. COMPLETA CON ELLAS O CON *PARA* Y *POR*.

1. ⊙ Este fin de semana nos quedamos _____ casa.
   ○ Nosotros también. Hay mucha gente _____ todas partes.

2. ⊙ No comprendo _____ qué te gusta tanto ese chico.
   ○ ¿No? _____ su amabilidad, _____ su sentido del humor y , _____ supuesto, _____ que **está como un tren.**

3. ⊙ Vengo _____ el mercado, ¡todo **está por las nubes!**
   ○ Es verdad, ahora_____ el mismo dinero, te dan la mitad que antes.

4. ⊙ ¿Dónde están Pilar y Miguel?
   ○ _____ vacaciones.
   ○ Claro, _____ eso no contestan al teléfono.

5. ⊙ ¿Cuánto cuesta un sello _____ Suiza?
   ○ Ahora todos los sellos _____ Europa cuestan lo mismo.

6. ⊙ ¿Has leído esta publicidad?
   ○ Sí, Internet es _____ todos. _____ 15 euros puedes utilizar Internet _____ horario _____ tarde, noches y los fines de semana.

PARA ACLARAR LAS COSAS

> Está como un tren: *es muy atractivo/a.*
> Estar por las nubes: *resultar carísimo/a.*

VI. ORDENA.

1. venido / decirte / Nosotros / hemos / para / felicidades _____
2. amigos / se / Mis / más / acuestan / yo / extranjeros / temprano / que _____
3. contenta / Estoy / he / trabajo / porque / encontrado / muy _____
4. nada / sirve / libro / Este / malo / muy / no / para / es _____
5. comprarme / largo / un / la / Quiero / para / vestido / fiesta _____
6. malo / la / ordenador / es / para / El / vista _____
7. Parece / peinado / te / que / has / no / mañana / esta _____

VII. HAZ LA PREGUNTA.

1. ⊙ ¿_____?
   ○ A las seis de la mañana.

2. ⊙ ¿_____?
   ○ Para tu hermano.

3. ⊙ ¿_____?
   ○ No puedo, tengo que estudiar.

4. ⊙ ¿_____?
   ○ Para cortar cualquier cosa.

5. ⊙ ¿_____?
   ○ Con una toalla, nunca con secador.

6. ⊙ ¿_____?
   ○ No, prefiero ducharme, es más rápido.

7. ⊙ ¿_____?
   ○ Por el dolor de espalda, es terrible.

8. ⊙ ¿_____?
   ○ Sí, me ha encantado.

9. ⊙ ¿_____?
   ○ Sí, en mayo, en la Iglesia del Carmen.

10. ⊙ ¿_____?
    ○ Para mi abuela.

VOCABULARIO

I. COLOCA DEBAJO DE CADA DIBUJO LA PALABRA APROPIADA:

- ponerse nervioso/a
- regaliz
- relajarse
- empezar a
  + infinitivo (llover)

- ser alérgico/a
  a + producto
- tomar un vaso
  de zumo (jugo)/agua/leche
- tener los ojos hinchados

- marearse
- algodón
- llegar tarde/con retraso
- estar/sentirse agobiado/a
- reírse

II. MUEBLES Y ADORNOS PARA LA CASA.

FÍJATE EN LA LISTA Y EN LOS DIBUJOS Y ESCRIBE LOS NOMBRES AL LADO
DE CADA MUEBLE O ADORNO Y EN UNA LISTA APARTE, LOS QUE FALTAN.

- cama
- sillas/sillón/diván/sofá
- colchón
- lámparas
- mesas/mesillas
- discos/libros
- estanterías
- armarios
- alfombra
- sábanas/mantas/edredón

- cortinas/colcha
- secadora
- cuadros
- televisor/vídeo
- equipo de música
- lavadora
- congelador
- lavaplatos
- ordenador (computadora)
- aspiradora

EJERCICIOS

I. TU COMPAÑERO/A TIENE ALGUNOS PROBLEMAS. DILE QUÉ TIENE QUE HACER PARA RESOLVERLOS.

⊙ Por las mañanas tengo los ojos hinchados.
○ Para no tener los ojos hinchados, tienes que ponerte/ponte un algodón con agua fría.

Maquíllate con regaliz

Si eres alérgica al rímel, pero no te resistes a dejar de alargar tus pestañas, humedece una barra de regaliz y pásala por las pestañas. El efecto es el mismo.

Problema:
- Ponerse nervioso/a antes de los exámenes.
- Llegar siempre con retraso a todas partes.
- Marearse durante un viaje en coche.
- Sentirse agobiado/a.
- Despertarse varias veces por la noche.
- **Ser alérgica al rímel.**

Tener que
Imperativo

Solución:
⇨ Tomar(se) un zumo de limón al llegar.
⇨ Empezar a estudiar antes.
⇨ **Maquillarse con regaliz.**
⇨ Tomar un vaso de leche con miel antes de acostarse.
⇨ Levantarse más temprano.
⇨ Reírse para relajarse.

II. TENÉIS 12.020,25 EUROS PARA RENOVAR LA CASA.
PRIMERO, LA CLASE SE DIVIDE EN PAREJAS. A CADA MIEMBRO DE LA PAREJA SE LE DICE, POR SEPARADO, QUE PUEDE RENOVAR LA CASA CON ESE DINERO. DESPUÉS, DEBE COMPARAR SUS DECISIONES CON LAS DE SU COMPAÑERO/A Y PONERSE DE ACUERDO, YA QUE COMPARTEN LA MISMA VIVIENDA: PISO, APARTAMENTO*, CASA, ETCÉTERA.

* En algunos países de América al *apartamento* se le llama *departamento*.

Yo quiero comprar un equipo de música y sustituir los discos viejos por cedés (CD) y alfombras para el salón. También quiero poner otras cortinas...

 A C T I V I D A D E S

DE TODO UN POCO

I. **ARREGLO PERSONAL Y COSAS IMPORTANTES.**
HEMOS LEÍDO EN ALGUNA REVISTA ESTA PREGUNTA HECHA A GENTE FAMOSA:
"USTED, ¿NUNCA SALE DE CASA SIN....?" IMAGINAD QUE SOIS PERIODISTAS Y
HACED ESTA PREGUNTA A GENTE DE VUESTRA ESCUELA. REUNID TODAS LAS
RESPUESTAS Y ELEGID LAS MEJORES.

- Yo nunca salgo de casa sin pendientes, me siento desnuda.
- ¿Yo? Pues yo nunca salgo de casa sin desayunar, es la comida que más me gusta.

II. LEE ESTA PUBLICIDAD Y ELABORA UNA PARECIDA CON TU COMPAÑERO/A. FÍJATE
EN LOS USOS DE *PARA Y POR*. DEBÉIS BUSCAR UN DIBUJO O UN OBJETO
CURIOSO Y OFRECER PREMIOS.

III. TIRA EL DADO DOS VECES: UNA PARA ELEGIR EL VERBO Y OTRA PARA ELEGIR LA
FORMA. SI QUERÉIS, PODÉIS AÑADIR OTROS VERBOS.

(2 + 6) Mi novia y yo vamos a casarnos en abril.

Lavarse 1	Casarse 2	Afeitarse 3	Acostarse 4	Peinarse 5	Divorciarse 6
tener que + infinitivo 1	estar + gerundio 2	pretérito perfecto 3	presente 4	hay que 5	ir a + infinitivo 6

ASÍ SE HABLA

Pedir cosas que se devuelven

> ⊙ **¿Me prestas/me dejas** tu falda larga para esta noche?
> ○ Esta noche no puede ser; voy a una fiesta.

> ⊙ ¿Puedo **usar/coger** tu "Typex"?
> ○ Claro, cógelo, está ahí.

Pedir cosas que no se devuelven

> ⊙ **¿Me das/puedes darme** un cigarrillo?
> ○ Lo siento, no fumo.

> ⊙ ¿ Alguien **tiene** un bolígrafo rojo?
> ○ Sí, toma.

TE TOCA

> ⊙ Pide unas hojas para escribir a tus compañeros.
> ⊙ Pide cerillas /fósforos a alguien.
> ⊙ Pide la cámara de vídeo a tu amigo.

EN SITUACIÓN

PREPARAR UNA FIESTA:

Joaquín:	Mañana es el cumpleaños de Irene.
David:	¿Mañana? ¿qué día es mañana?
J.:	Martes 25.
D.:	¡Es verdad! Y ¿hay fiesta?
J.:	Vamos a hacer una fiesta sorpresa en casa de Paloma.
D.:	Tenemos que comprar algún regalo.
J.:	A Irene le gustan mucho los libros y los discos.
D.:	No, yo prefiero algo más original.
J.:	Bueno. Primero debemos preparar la fiesta y después pensamos en el regalo.
D.:	¿Cuántos vamos a ser?
J.:	Unos quince.
D.:	Vale, yo hago una sangría.
J.:	Y yo, tres tortillas de patatas. Pero tengo que comprar lo necesario.
D.:	Entonces, vamos a hacer una lista…
J.:	Hay que llevar música. Creo que Paloma tiene.
D.:	Sí, pero necesitamos más discos.
J.:	¡Ah! y Eduardo puede llevar la guitarra.
D.:	¡Buena idea! La cosa marcha.
J.:	Sí, ya sólo tenemos que decidir el regalo. Voy a llamar a Paloma, a Carlos y a Marina. Ellos saben mejor qué le gusta a Irene.

Para la sangría:
Vino tinto.
Zumo de tres naranjas y un limón.
Manzanas/plátanos/ limón.
Canela/azúcar.
Un poco de ginebra.

Para la tortilla:
3 kg de patatas.
Una docena de huevos.
Aceite de oliva.
1/2 kg de cebollas.
Sal.

TE TOCA

Contesta:
¿Cómo celebras tu cumpleaños?
En casa, en un restaurante, en una discoteca…
¿Qué hacéis?
Bailar, cantar, hablar…
¿Qué coméis?
¿Qué bebéis?
¿Qué regalos prefieres?

COMO LO OYES

I. ESCUCHA ESTAS TRES CONVERSACIONES Y DEDUCE:

    1. ¡Qué pinta tienes!:
       Tienes mal aspecto o te duele la cabeza.
    2. ¡Qué lata, afeitarse!:
       Afeitarse es agradable o molesto.

Escucha de nuevo y contesta:
    1. ¿Por qué no se ha duchado Antonio?
    2. ¿Antonio se levanta tarde? ¿Y tú?
    3. ¿Qué piensa el chico de afeitarse? ¿Y de depilarse?
    4. ¿Por qué Ulrika está contenta en Málaga?
    5. Señala las actividades que se hacen en el cuarto de baño.
    6. ¿Cuándo trabaja Ulrika? Y tú, ¿qué prefieres?

II. ESCUCHA LO QUE TE CONTAMOS DE LA FAMILIA CATANO / MAZATLÁN, Y CONTESTA.

¿Qué hace Benito?
¿Qué tipo de negocio tiene la familia?
¿Qué ha traído hoy para su familia?
¿Qué le gusta a Belinda?

LEE

¿TE INTERESA SABER ALGO MÁS SOBRE LOS ESPAÑOLES?
ENTONCES, LEE ESTOS DATOS PUBLICADOS EN *EL PAÍS SEMANAL* Y QUE HEMOS
RESUMIDO UN POCO.

Los españoles nos sentimos bastante sanos aunque dormimos menos de las ocho horas recomendadas. Entre las cosas positivas, podemos señalar que comemos bastante pescado.

Fumamos bastante: en 1998 fumaba aproximadamente un 37% de la población. También hay que decir que somos poco deportistas: sólo un 13% practica una actividad física de forma regular.

Curiosamente, cada vez nos casamos menos, nos divorciamos más y tenemos menos hijos. Vivimos una media de 77 años.

Éste es el retrato robot del español medio, pero hay que hablar también de las diferencias que existen entre el norte y el sur, las grandes ciudades y los pueblos, la costa y el interior. Es decir, que, como dicen nuestros alumnos, "no se puede generalizar".

Señala las cosas que más te han sorprendido en lo que has leído.
¿Podéis hacer, entre todos, un retrato robot del habitante medio de vuestro país?
Si estás en España, habla con algunos españoles y pregúntales su opinión.

ESCRIBE

QUIERES ESCRIBIRTE CON GENTE DE OTROS PAÍSES DE HABLA HISPANA.
HAZ UNA DESCRIPCIÓN DE TI MISMO/A HABLANDO DE TUS GUSTOS, DE TU
CARÁCTER, DE TU PAÍS...
RECUERDA LO QUE YA HAS ESTUDIADO EN LAS UNIDADES 1, 2 Y 8.

Eso no se dice:
Gracias para todo.
Me lavo mis manos.

Se dice:
Gracias por todo.
Me lavo las manos.

UNIDAD 11

Érase una vez...

PRETEXTO

Tengo un recuerdo de muy pequeña. A mi padre, a veces, le *dolía* la cabeza y algunas veces entraba en el comedor para coger Aspirina. Yo *estaba* en la cama despierta. A veces *tenía* miedo, pero cuando *veía* la luz por debajo de la puerta, *se me iba*, porque *sabía* que él *estaba* ahí. Quizás por eso le tengo más cariño.

Ayer le *seducían* otros coches. Pero eso *era* ayer.

CONTESTA A ESTAS PREGUNTAS:

- ¿Qué formas nuevas encuentras?
- ¿Qué crees que expresan?
- ¿Puedes deducir las terminaciones de ese tiempo?

- ¿Qué crees que significa *le tengo mucho cariño*?
  - a. le tengo respeto.
  - b. le quiero mucho.
  - c. le recuerdo.

[handwritten: B in Spanish used to be V - from Latin]

◼️▭ CONTENIDOS GRAMATICALES ▬▬▬▬

EL IMPERFECTO. FORMAS REGULARES:

[handwritten left margin: b in end rob imperfect]

verbos en -AR	verbos en -ER	verbos en -IR
estudi-aba	com-ía	viv-ía
estudi-abas	com-ías	viv-ías
estudi-aba	com-ía	viv-ía
estudi-ábamos	com-íamos	viv-íamos
estudi-abais	com-íais	viv-íais
estudi-aban	com-ían	viv-ían

⊙ Recuerdo que cuando no estudiaba, la maestra se enfadaba mucho.

⊙ Antes comía carne, pero ahora es vegetariano.

⊙ Mira, éste es mi pueblo; en aquella casa vivíamos todos: mis padres, mis hermanos y mis abuelos.

FORMAS IRREGULARES

[handwritten left margin: r th hes / AR / end s]

IR	SER	VER
iba	era	veía
ibas	eras	veías
iba	era	veía
íbamos	éramos	veíamos
ibais	erais	veíais
iban	eran	veían

⊙ De pequeño, casi nunca iba al cine; es que era muy caro y mi familia no tenía mucho dinero.

⊙ Antes los niños veían menos la televisión.

LAS PREPOSICIONES Y EL TIEMPO:

[handwritten: Point in time - 'at']

⇨

a + horas =	hora en punto
desde / de + horas / fecha =	a partir de
en + meses / años / temporadas =	periodo *[handwritten: In (2 months)]*
en =	dentro de
hasta / a + horas / fecha =	límite *[handwritten: until (Hasta la vista …)]*
sobre + horas / fecha =	aproximadamente *[handwritten: about]*

[handwritten: from] *[handwritten: since]*

¡OJO! desde / hasta + artículo + horas / días de la semana
de / a + horas / días de la semana (sin artículo)

¡OJO! *Por la mañana*, pero *a las 10 de la mañana.*

⊙ ¿Qué hora es?
○ (Son) las 10 (de la mañana).

⊙ ¿A qué hora empieza la clase?
○ A las 10.

⊙ Mi horario es estupendo: trabajo **de** 8 **a** 3:30 y luego, la tarde libre.
○ Pues yo trabajo **desde las** 9 **hasta las** 2 y **por la tarde**, **desde** las 5 **hasta** las 8. No tengo tiempo para nada.

FÓRMULAS FIJAS:

[handwritten: in the afternoon   at night]

Por la mañana; por la tarde; por la noche; de día; de noche.

[handwritten left margin: in the morning]

⊙ **En verano**, prefiero trabajar **por la mañana**, dormir una buena siesta por la tarde y dar una vuelta **por la noche.**

USAMOS EL IMPERFECTO PARA:

REPETICIONES Y COSTUMBRES:

Usamos el imperfecto para referirnos a costumbres o hechos que se repetían en el pasado.

¡OJO! El **presente** expresa las costumbres actuales.

El **imperfecto** expresa las costumbres del pasado.

Para expresar costumbre podemos usar el verbo **soler.**

A mi padre, a veces, le dolía la cabeza.

Algunos días entraba en el comedor para coger Aspirina.

Cuando era pequeño, leía mucho / solía leer; ahora prefiero ver la televisión.

De niño le gustaba escribir; ahora es un escritor famoso.

DESCRIBIR PERSONAS Y LUGARES:

1. Usamos el imperfecto para decir cómo eran las personas en el pasado: su aspecto y su carácter.

De niña yo vivía con mi tía y mi abuela. Las dos eran mujeres muy guapas, que tenían un carácter muy parecido: se enfadaban fácilmente, pero conmigo eran muy cariñosas.

1.1. A veces el imperfecto expresa que hemos perdido el contacto, la relación con las personas: *[lost contact with s/o]*

⊙ El antiguo conserje era muy serio y eficiente.

○ ¿Y dónde trabaja ahora?

⊙ Creo que ha abierto su propio negocio, pero no estoy segura.

⊙ ¡Qué simpática era la profesora del curso pasado!

○ ¿Es que ya no lo es?

⊙ Imagino que sí, pero es que no la veo últimamente.

2. Usamos el imperfecto para presentar el lugar, la situación, el ambiente de los hechos: *[Place situation scene]*

La casa de mi abuela y de mi tía parecía un castillo: tenía muchas habitaciones llenas de cosas misteriosas para mí. Había una habitación donde yo no podía entrar porque siempre estaba cerrada: era la habitación de los fantasmas.

3. Usamos el imperfecto en fórmulas de cortesía: *[used as polite form — like we might use conditional in polite form 'what would you like?']*

(En una tienda de ropa)

⊙ Buenos días, ¿qué deseaba (= desea)?

○ Quería (= quiero) probarme ese traje.

(En la recepción del hotel)

⊙ ¿Podía (= puedo) hablar con la señora Escámez?

○ Un momentito, por favor, voy a ver si está.

MARCADORES DE COSTUMBRES:

a veces	algunas veces	muchas veces	mientras
a menudo	de vez en cuando	siempre	de niño/a
nunca	casi siempre	casi nunca	cuando

PRACTICAMOS LA GRAMÁTICA

I. PON LA FORMA CORRECTA DEL IMPERFECTO.

1. Pablo Neruda (llamarse) _____ en realidad Neftalí Reyes.
2. En época de mis abuelos se (viajar) _____ menos que ahora.
3. En los años de postguerra la gente (pasar) _____ hambre porque no (haber) _____ mucha comida.
4. En tiempos de Franco no (haber) _____ libertad, no (poder, nosotros) _____ votar, no (existir) _____ el divorcio y la gente que (querer) _____ casarse, sólo (poder) _____ hacerlo por la Iglesia.
5. Mi abuela (ser) _____ una mujer muy inteligente, le (gustar) _____ mucho leer y viajar, pero no (tener) _____ mucho dinero para comprar libros o irse de vacaciones.
6. Antes, muchos niños (ir) _____ a colegios de curas o monjas.
7. Recuerdo cuando (ir, nosotros) _____ de vacaciones a la casa del pueblo: nuestros amigos siempre nos (esperar) _____ en la estación y luego (venir) _____ con nosotros para ir a jugar enseguida.

II. USA EL IMPERFECTO O EL PRESENTE DE INDICATIVO:

1. ⊙ Al principio del curso todo me (parecer) _____ muy difícil.
   ○ A mí también, pero ahora entiendo mucho más.
2. ⊙ Antes siempre (llevar, ella) _____ vaqueros, ahora sólo (ponerse, ella) _____ falda.
   ○ ¡Normal! Antes (ser, ella) _____ estudiante; ahora (ser) _____ la directora del hotel.
3. ⊙ De pequeño (soler, él) _____ escribir en su diario.
   ○ Y ahora, también. Hay costumbres que no cambian.
4. ⊙ ¡Qué bonito (ser) _____ aquel pueblo de Santander donde (ir, nosotros) _____ de niños, ¿verdad?
   ○ Sí, y todavía es bonito. Yo he estado ahí hace poco y sigue igual.
5. ⊙ Antes (vivir, yo) _____ en Salamanca y (ser)_____ mecánico; ahora (vivir, yo) _____ en Quito y (ser) _____ el propietario de varios garajes.
6. ⊙ Mira, las fotos de las vacaciones pasadas. Aquí (estar, yo) _____ subiendo a un árbol.
   ○ Ya veo, pareces un **monito.** Y aquí, ¿qué (estar, tú) _____ haciendo?
   ⊙ Intentando **atrapar** una mariposa.

7. ⊙ Cuando (trabajar, yo) _____ en la universidad,
   (tener) _____ muchos alumnos en clase.

   ○ ¿Y donde (trabajar, tú) _____ ahora?

   ⊙ En una ONG y doy clases a inmigrantes.

III. COMPLETA ESTE TEXTO CON LA FORMA CORRECTA DEL IMPERFECTO. BUSCA LAS PALABRAS EN NEGRITA SI NO LAS COMPRENDES.

En casa (haber) _____ una enciclopedia y mi padre (hablar) _____ de ella como de un país muy lejano; en sus páginas (poder, tú) _____ perderte igual que por las calles de una ciudad desconocida. (Tener, ella) _____ más de cien tomos, que (ocupar) _____ una pared entera del salón. (Ser) _____ imposible no verla. Yo mismo, a veces, (abrir) _____ uno de aquellos libros enormes de tapas negras y (leer) _____ lo primero que (encontrar, yo) _____ Pero sólo (ver, yo) _____ palabras que (parecer) _____ hormigas desfilando por la página. Mi padre (estar) _____ obsesionado con la enciclopedia y con el inglés. Cuando (decir, él) _____ que (ir, él) _____ a estudiar inglés, (ser) _____ porque en casa (poder) _____ pasar cualquier catástrofe que **no (tener)** _____ **nada que ver** con los idiomas.

El orden alfabético. Juan José Millás. Suma de letras. 2000. (Texto adaptado)

IV. COMPLETA CON LA PREPOSICIÓN O EXPRESIÓN DE TIEMPO ADECUADA.

1. ⊙ ¿Cuándo llueve más en esta región?

   ○ _____ otoño.

2. ⊙ En tu país, ¿los bancos abren _____ la tarde?

   ○ (Respuesta libre)

3. ⊙ ¿Cuándo prefieres estudiar, _____ día o _____ noche?

   ○ (Respuesta libre)

4. ⊙ ¿ _____ cuándo están ustedes aquí?

   ○ _____ las 8:30 y ya nos vamos, no podemos quedarnos _____ el final.

5. ⊙ Aquí las fiestas más divertidas son _____.

   ○ Normal, es que _____ hace demasiado calor.

6. ⊙ _____ verano no tenemos clases _____ la tarde, sólo _____ 8 _____ 14.

   ○ ¿Por qué tenéis clases _____ verano?

   ⊙ Porque hay estudiantes extranjeros que quieren estudiar _____ la mañana y pasarlo bien _____ la noche. Y descansan _____ la tarde, claro.

7. ⊙ ¿ _____ qué hora te has acostado, Francisco?

   ○ No me acuerdo, _____ las 8.

   ⊙ ¡¿ _____ la mañana?!

   ○ ¡Pues claro! **Hemos estado de marcha** _____ las 7 y luego hemos ido a desayunar **chocolate con churros**, así que...

> ⟹ a, de, desde, en, hasta, sobre, por, por la mañana, por la tarde, por la noche, de día, de noche.

V. COMPLETA EL DIÁLOGO CON LA FORMA CORRECTA.

Padre: ¿Sabes, hijo? Cuando yo (tener) _____ tu edad, sólo (pensar) _____ en terminar
mis estudios para empezar a trabajar, ser independiente y poder casarme con tu madre.

Hijo: Yo no tengo prisa, porque no voy a encontrar un buen trabajo. Y casarme... ¡Vaya lío!

P: Mis ídolos (ser) _____ Freud y García Márquez.

H: El mío es **Raúl.**

P: Yo (leer) _____ y leo todavía sus obras.

H: Yo voy a todos sus partidos.

P: (Sentir, yo) _____ gran admiración por Marie Curie.

H: ¿Quién es esa? A mí la que me gusta es Lara Croft.

P: Cuando (tener, yo) _____ un poco de dinero, me (comprar) _____ discos de música clásica.

H: ¡Vaya rollo! Yo prefiero los juegos de ordenador.

P: (Escuchar, yo) _____ la radio.

H: De la radio, papá, lo mejor es **Los Cuarenta Principales.**

P: Cuando (tener, yo) _____ tiempo libre, (ir, yo) _____ a la biblioteca.

H: ¡Qué rollo! Es mucho mejor enchufar la tele.

P: Los libros de historia.

H: Los reality shows.

H: Enrico Carusso.

H: Prince.

P: John Huston.

H: Quentin Tarantino.

P: ¿Por qué no nos entendemos, hijo?

H: Eso digo yo, ¿por qué no nos entendemos, papá?

> PARA ACLARAR LAS COSAS
>
> ● Raúl: *es un futbolista.*
> Los Cuarenta Principales:
> *programa de radio que infor-*
> *ma sobre los discos más ven-*
> *didos.*

Vuelve a leer y deduce el significado:

¡Vaya lío!	¡Vaya/qué rollo!
a. ¡qué complicación!	a. ¡qué divertido!
b. ¡qué interesante!	b. ¡qué aburrido!

VI. ORDENA.

1. hippies / Los / amor / la / decían / y / no / guerra" / el / "haz
2. pequeña / tenía / De / se / yo / gatito / un / llamaba / que / Zape
3. siempre / a / mano / yo / Antes / de / ordenador / tener / escribía
4. El / un / es / correo / electrónico / invento / estupendo
5. No / irme / de / vacaciones / agosto / en / gusta / me
6. nadar / encanta / Me / la / por / mañana / nadie / hay / no / : / piscina / en / la

VII. HAZ LA PREGUNTA:

1. ⊙ ¿ _____ con la directora?
   ○ Un momento, por favor, voy a ver si está.

2. ⊙ ¿ _____?
   ○ Quería probarme esos pantalones del escaparate.

3. ⊙ ¿ _____ de vacaciones?
   ○ De julio a septiembre.

4. ⊙ ¿ _____?
   ○ A las 8 y salgo a las 12.

5. ⊙ ¿ _____ se acaban las clases?
   ○ Mañana por la mañana, ¡por fin!

6. ⊙ ¿ _____ con usted un momento?
   ○ Claro que sí.

VOCABULARIO

I. **Aquí tienes una serie de palabras que designan prendas de ropa; otras son cosas necesarias para practicar deportes, y otras son aparatos electrónicos. Ordena las palabras en tres listas en tu cuaderno.**

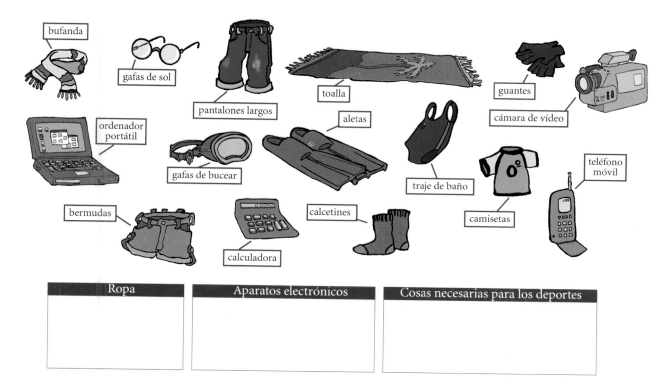

bufanda
gafas de sol
pantalones largos
toalla
guantes
cámara de vídeo
ordenador portátil
aletas
gafas de bucear
traje de baño
teléfono móvil
bermudas
calcetines
camisetas
calculadora

Ropa	Aparatos electrónicos	Cosas necesarias para los deportes

II. **Aquí tienes algunas palabras relacionadas con los servicios de los hoteles:**

registrarse
habitación con/sin desayuno
habitación individual/doble
acceso para minusválidos
temporada alta/baja
recepción

hacer una reserva/reservar habitación
media pensión/pensión completa
la llave de la habitación
secador de pelo en habitaciones
(no) acepta perros

servicio de habitaciones
servicio de lavandería
caja fuerte individual
habitación exterior/interior
restaurante/cafetería

EJERCICIOS

I. COMPLETA CON LAS PALABRAS APROPIADAS DEL VOCABULARIO I. PUEDE HABER VARIAS POSIBILIDADES.

1. ¿Qué necesitas si quieres nadar bajo el agua?

_____ y _____.

2. Si vas de vacaciones a una playa, di tres cosas de la lista que no necesitas.

_____ , _____ y _____.

3. ¿Qué te pones para bañarte?

_____ o _____ / _____.

4. Di tres cosas de la lista que no debes llevar cuando vas de vacaciones.

_____ , _____ y _____.

5. Di tres cosas de la lista del vocabulario I que sirven para ir de vacaciones al mar o a la montaña.

_____ , _____ y _____.

En parejas, elegid un lugar de vacaciones y haced la maleta con lo necesario. Pero tened cuidado, porque se han mezclado las cosas y faltan algunas.

⊙ La bufanda no la necesitamos, porque en Acapulco no hace frío.
⊙ En la lista faltan la crema solar y el neceser.

II. ELIGE LA SOLUCIÓN ADECUADA PARA CADA FRASE, SIGUIENDO EL VOCABULARIO II.

1. Cuando llegamos a un hotel vamos primero a _____ para _____
   a. la recepción / registrarnos.   b. el ascensor / subir.   c. el desayuno / comer.

2. Resulta muy cómodo tener en el cuarto de baño _____
   a. un televisor.   b. un secador de pelo.   c. una piscina.

3. Si no quieres tener problemas en vacaciones, debes _____ dos o tres meses antes.
   a. reservar habitación   b. llamar por teléfono   c. escribir

4. Los precios siempre son más caros en _____
   a. temporada baja.   b. el restaurante.   c. temporada alta.

5. Para mayor seguridad, en muchos hoteles hay _____
   a. perros policías.   b. cafeterías.   c. caja fuerte individual.

6. Cuando viajan dos personas suelen alojarse en _____
   a. habitación doble.   b. habitación individual.   c. la lavandería.

7. En mi opinión, _____ de los hoteles es muy caro.
   a. el acceso para minusválidos.   b. el servicio de lavandería.   c. el jardín.

8. A mí me encanta _____ tipo buffet, porque puedes comer de todo.
   a. el dormitorio   b. el vestíbulo   c. el desayuno

9. En ese hotel, _____ es muy malo.
   a. el servicio de habitaciones   b. el ascensor.   c. la llave

10. Últimamente los hoteles tienen _____ magnéticas, supongo que para más seguridad.
    a. alfombras   b. camareras   c. llaves

ACTIVIDADES

DE TODO UN POCO

I. EN PAREJAS O EN PEQUEÑOS GRUPOS. CADA UNO ELIGE ALGO DE LA MALETA QUE HEMOS VISTO ANTES Y LO ESCRIBE. SUS COMPAÑEROS/AS TIENEN QUE ADIVINAR QUÉ ES CON CINCO PREGUNTAS.

⊙ ¿Sirve para nadar?
○ Sí / no / puede ser.

II. OBSERVA ESTOS DIBUJOS Y DINOS QUÉ HA CAMBIADO EN LA PLAYA Y EN LA ACTITUD DE LAS PERSONAS.

La playa antes

La playa ahora

III. FÍJATE EN ESTAS PERSONAS Y DINOS QUÉ CAMBIOS OBSERVAS EN ELLAS. AÑADE OTROS QUE TE IMAGINES.

La mujer de la primera foto antes tenía el pelo largo y estaba más gorda. Ahora tiene el pelo corto y está muy delgada, porque va a un gimnasio y hace dieta. Antes era estudiante de Bellas Artes y ahora trabaja en el Museo Reina Sofía.

EN SITUACIÓN

EN EL HOTEL:

⊙ Buenos días, ¿habla usted español?

O Sí, señora, ¿en qué puedo ayudarla?

⊙ Quería una habitación para tres noches, para dos personas.

O Un momento, por favor… Sí, tenemos una con vistas a la calle y otra que da al jardín.
¿Desean verlas?

⊙ Sí, por favor.

O Aquí tenemos la 129, que da al jardín, pero en esta época no hay mucha gente.
La 311 da a la calle. En verano hay mucho ruido, pero ahora es muy tranquila.
Las dos tienen minibar, aire acondicionado…

⊙ ¿Qué opinas, cariño?

A mí me gusta más la del jardín, ¿y a ti?

⊙ ¿Cuánto valen?/¿qué precio tienen?

O Son 75 euros, con desayuno.

A mí me parece bien.

⊙ A mí, también. Nos quedamos en la 129.

O Muy bien, ahora mismo un chico les sube las maletas. ¿Pueden dejarme sus pasaportes,
por favor?

⊙ Sí, claro, aquí los tiene. ¡Ah!, una cosa más: hemos aparcado el coche enfrente del hotel,
¿tienen un aparcamiento vigilado?

O Sí, señora, pueden dejar el coche ahí, es gratuito.

TE TOCA

⊙ Con tu compañero/a, representad una situación parecida.
⊙ No tenéis reserva y preguntáis si hay habitaciones. ⇨ Hay una interior. ⇨
Queréis verla. ⇨ La recepcionista os la enseña. ⇨ Preguntáis precio. ⇨
Decidís si os gusta o no.

ASÍ SE HABLA

SOLICITAR UNA CITA / QUEDAR CON ALGUIEN / PROPONER UNA CITA.

¿A qué hora / qué día podemos vernos?
¿Cuándo / qué día te / le viene bien?

¿Podemos vernos el… / ese día?
¿Dónde quedamos?
¿Qué te / le parece el… a… en…?
¿Qué te parece si…?

TE TOCA

⊙ Llama a un amigo para ir juntos al cine.
⊙ Habla con tus compañeros de clase para ir a cenar al final del curso.
⊙ Habla / llama a un/a amigo/a para ir a andar algunos días a la semana.

COMO LO OYES

I. ESCUCHA ESTE POEMA Y ESCRIBE LAS COSAS QUE APARECEN AL REVÉS.
VUELVE A ESCRIBIRLAS COMO SON EN EL MUNDO REAL.

PARA ACLARAR LAS COSAS

> Érase una vez: *forma tradicional con que empiezan los cuentos.*

¿Podéis escribir otra historia al revés? Gana el equipo con la historia más original.

COMO LO OYES

II. ESCUCHA ESTA INFORMACIÓN SOBRE COLOMBIA Y CONTESTA A ESTAS
PREGUNTAS.

- ¿Por qué es conocida Colombia?
- ¿Quién es Gabriel García Márquez?
- ¿Qué es una cumbia?

- ¿Por qué es importante *El Espectador*?
- ¿Con qué nombre se conocía Bogotá?
- ¿Por qué?

Santiago de Chile

LEE

LEE ESTE FOLLETO Y SEÑALA LA INFORMACIÓN MÁS IMPORTANTE PARA TI. CONTESTA A ESTAS PREGUNTAS:

¿Cuántos días vas a viajar?
¿Cuántos días vas a pasar en Chile?
¿Qué puedes visitar en tu viaje?
¿Qué incluye el precio?
¿Hay suplementos? ¿Cuáles?

Para averiguar precios actuales, visita cualquier página de Internet.

Día 1.º España / Santiago de Chile:
Presentación en el aeropuerto de **Madrid**, Terminal T-1, mostrador de **Politours** (o en su terminal con vuelo doméstico IB a **Madrid** para embarcar en vuelo de línea regular de **Lan Chile**, con destino **Santiago de Chile**. Noche a bordo.

Día 2.º Santiago de Chile:
Llegada, asistencia y traslado al hotel. Resto del día libre. Alojamiento.

Día 3.º Santiago de Chile:
Desayuno. Visita de la ciudad de **Santiago**, recorriendo las principales avenidas del *Barrio Cívico* de la ciudad, destaca El *Palacio de la Moneda*, actual *Casa de Gobierno*. Continuación a través de las angostas y agitadas calles del centro de la ciudad, visita al magnífico *Museo Precolombino*, considerado uno de los mejores del mundo en su especialidad, visita de la *Plaza de Armas*, popular y pintoresco centro de reunión, rodeado de importantes edificios como la *Iglesia Catedral*, el *Museo Histórico Nacional* y el *Correo Central*. El recorrido continúa hacia el *Mercado Central*, para apreciar una colorida muestra de variadas frutas, mariscos, pescados y bellas flores. El trayecto bordea el *Parque Forestal* y el *Museo de Bellas Artes*, para internarse nuevamente en las céntricas avenidas hacia el histórico *Cerro Santa Lucía*, lugar de fundación de la ciudad en 1.541. La excursión continúa por la *Avenida Bernardo O'Higgins* arribando al sector antiguo de la ciudad con las magníficas casas de la exclusiva *Avenida República*. Finalmente, visita al *Palacio Cousiño*. Regreso al hotel y alojamiento.

Días 4.º al 6.º Santiago de Chile:
Días libres en régimen de alojamiento y **desayuno**. Posibilidad de realizar excursiones opcionales como: *Santiago Andino*; *Viña Concha, Toro y Cajón del Río Maipo*; *Viña del Mar y Valparaíso*; *Isla Negra y la Casa de Pablo Neruda*; *Caminata en busca del Condor*, …

Día 7.º Santiago de Chile / Madrid:
Desayuno. A la hora indicada traslado al aeropuerto para embarcar en vuelo regular destino **Madrid**. Noche a bordo.

Día 8.º España:
Llegada y continuación a los distintos aeropuertos nacionales.

El Precio Incluye:
- Avión, vuelo regular, clase económica, España / Santiago de Chile / España (desde otras ciudades, excepto Canarias, vía Madrid con cambio de avión en ambos sentidos).
- 5 noches de alojamiento en los hoteles previstos (o similares) en habitación con baño / ducha.
- 5 desayunos.
- Las visitas indicadas en el itinerario.
- Traslados Aeropuerto / hotel / aeropuerto los días 2.º y 7.º, respectivamente.

ESCRIBE

ENVÍA UN E-MAIL A UN HOTEL PREGUNTANDO SI TIENEN HABITACIONES, PRECIOS, ETCÉTERA.

Para ayudarte:

Estimados señores:

Quería habitación individual / doble ⇨ con / sin desayuno
⇨ media pensión / pensión completa ⇨ para + personas + días

En espera de sus noticias,
Un cordial saludo.

Eso no se dice:	Se dice:
Son ~~a~~ las diez.	Son las diez.
Hoy me ha llamado Juan y ~~hablaba~~ con él casi una hora.	Hoy me ha llamado Juan y he hablado con él casi una hora.

UNIDAD 12

Mi vida cambió cuando ...

PRETEXTO

BUSCA EN EL DICCIONARIO ESTAS PALABRAS: *ARRASAR; EVITAR; ESQUIVARLO.*

En pocos días el huracán Mitch arrasó Centroamérica. Mató a casi 11.000 personas. Cientos de miles perdieron su hogar.

Ellos no pudieron evitarlo.

Antonio jamás ha vivido un huracán. Por una distracción, un coche invadió su carril. Intentó esquivarlo y dio 7 vueltas de campana. Sus hijos murieron en el acto. Su mujer, una semana después.

Tú sí puedes evitarlo.

Contesta a estas preguntas:

¿Qué formas nuevas encuentras?
¿Qué crees que expresan?
¿Recuerdas otra forma verbal para decir lo mismo?

Sé original

Ya le regalaste flores el año pasado

CONTENIDOS GRAMATICALES

EL INDEFINIDO. FORMAS REGULARES:

VERBOS EN -AR	VERBOS EN –ER	VERBOS EN -IR
estudi-é	com-í	viv-í
estudi-aste	com-iste	viv-iste
estudi-ó	com-ió	viv-ió
estudi-amos	com-imos	viv-imos
estudi-asteis	com-isteis	viv-isteis
estudi-aron	com-ieron	viv-ieron

○ Ayer comí por primera vez en un restaurante indio.

⊙ ¿Y te gustó?

○ ¡Muchísimo!

⊙ ¿Qué tal anoche?

○ Bueno, al final no estudiamos nada.

⊙ ¿Por qué?

○ Porque empezamos a hablar de otras cosas y...

¡OJO! La forma *nosotros* de los verbos en -ar y en -ir es igual en presente y en indefinido.

¡OJO! Todos los verbos en -ar tienen el indefinido regular, excepto tres: *dar, estar y andar*.

MARCADORES DE INDEFINIDO

ayer	a finales del año pasado
anoche/anteanoche	aquel año
la semana pasada	cualquier día de la semana, menos hoy
hace unos días/un mes, etc.	en 1986
un día	cualquier mes distinto al presente
anteayer	la primera/la segunda vez que…
el verano/el mes/el año pasado	
el otro día	

⊙ Ayer no pude llamarte porque estuve todo el día en el pueblo y allí el móvil no tiene cobertura.

○ Tranquilo, yo fui al cine y vi una película estupenda.

ALGUNOS IRREGULARES MUY USUALES:

DAR	ESTAR	ANDAR	SER / IR
di	estuve	anduve	fui
diste	estuviste	anduviste	fuiste
dio	estuvo	anduvo	fue
dimos	estuvimos	anduvimos	fuimos
disteis	estuvisteis	anduvisteis	fuisteis
dieron	estuvieron	anduvieron	fueron

PODER	VENIR	PONER
pude	vine	puse
pudiste	viniste	pusiste
pudo	vino	puso
pudimos	vinimos	pusimos
pudisteis	vinisteis	pusisteis
pudieron	vinieron	pusieron

DOS CASOS ESPECIALES:

dormí,	morí,
dormiste,	moriste
durmió,	murió,
dormimos,	morimos,
dormisteis,	moristeis,
durmieron.	murieron.

TENER	HACER
tuve	hice
tuviste	hiciste
tuvo	hizo
tuvimos	hicimos
tuvisteis	hicisteis
tuvieron	hicieron

CUIDADO CON LA ORTOGRAFÍA

Los verbos que terminan en -**gar**:
apagar: apagué; llegar: llegué; jugar: jugué; pagar: pagué; etcétera.

Los verbos terminados en -**car**:
sacar: saqué; aparcar: aparqué; explicar: expliqué; practicar: practiqué; etcétera.

Los verbos terminados en -**zar**:
empezar: empecé; comenzar: comencé; etcétera.

USAMOS EL INDEFINIDO:

⇨ Para hablar de cantidades de tiempo determinadas:
El sábado estuve todo el día en casa, estudiando.
Viví allí más o menos tres años.

Para contar los hechos, las acciones como algo independiente, no como costumbres:
Nos conocimos un domingo y nos hicimos amigos.
Me encontré con Pepe, casualmente, hace unos meses.

Cuando hay varias acciones, para ordenarlas:
Primero llegué a casa, me puse cómoda y luego lo llamé.
Me compré un coche, me saqué el carné y empecé a buscar trabajo.

¡OJO!: La diferencia entre el pretérito perfecto y el indefinido la dan los marcadores de tiempo.

OTROS RECURSOS PARA EXPRESAR TIEMPO:

DESDE +	día, semana, mes, año.	HACE +	cantidad de tiempo.
	que + verbo en presente o pasado.		cantidad de tiempo + que + verbo en presente o pasado.

- ⊙ Estoy aquí desde el lunes, desde julio, desde 1993, desde que encontré un trabajo.
- ⊙ Estoy aquí desde hace seis meses.
- ⊙ Vivo con mi novio desde hace dos años.
- ⊙ Enseño español desde hace veinte años.

- ⊙ Hace seis meses que estoy aquí/que llegué aquí.
- ⊙ Hace dos años que vivo con mi novio/que me fui a vivir con él.
- ⊙ Hace veinte años que enseño español/que empecé a enseñar español.

PRACTICAMOS LA GRAMÁTICA ▰▰▰▰▰▰▰▰▰▰▰▰▰▰▰▰▰▰▰

I. COMPLETA CON LAS FORMAS REGULARES DEL INDEFINIDO.

1. Mis tíos (emigrar) _____ a América en los años 20 y (abrir) _____ un restaurante _____ con comida típica de su tierra, Galicia. Después de algún tiempo (comprar, ellos) _____ otros restaurantes y ahora son muy ricos.

2. Ayer (soñar, yo) _____ con unos amigos que (conocer, yo) _____ hace mucho tiempo. Esa misma tarde me (llamar, ellos) _____ por teléfono. ¡Qué casualidad!

3. Entre 1960 y 1965 (estudiar, yo) _____ alemán; (aprender, yo)_____ mucho vocabulario, pero nunca lo (hablar) _____, así que ahora lo he olvidado...

4. El año pasado dos amigos míos y yo (decidir) _____ sacarnos el permiso de conducir y nos (inscribir) _____ en una autoescuela. Yo (aprobar) _____ a la primera; ellos (necesitar) _____ tres exámenes más para aprobar. Pero ellos se (comprar) _____ un coche enseguida y yo, todavía no tengo.

5. El día de mi cumpleaños mis compañeros de trabajo me (regalar) _____ algo muy original: una semana de vacaciones en un pueblo muy pequeño. Al principio me (parecer) _____ muy extraño; luego (pensar, yo) _____ : es un regalo estupendo para relajarme y desconectar.

6. El otro día (aparcar, yo) _____ el coche en una calle céntrica; me (romper, ellos) _____ la ventanilla y me (robar) _____ el radiocasete.

7. Juan y María (casarse) _____ en 1967. Primero (vivir) _____ en la isla de Lanzarote y cinco años más tarde (trasladarse) _____ a Santiago de Chile para trabajar en un hotel de lujo.

II. COMPLETA CON LA FORMA CORRECTA DEL INDEFINIDO.

Hechos de la vida cotidiana. ¿Creéis que son reales?

1. Multa.
En un bar de Oviedo, una señora de Orense no (pagar) _____ la cuenta: 22,55 euros; el dueño (llamar) _____ a la policía; la (llevar, ellos) _____ a la comisaría y el juez le (poner) _____ una multa de 180 euros.

2. Urgencias.
Ayer (ir, yo)_____ al médico de urgencias con un dolor de estómago terrible.
(Tener, yo) _____ que esperar tres horas.

3. Sorpresa.
En el pueblo alicantino de Pinoso, los encargados de organizar las fiestas (encontrar) _____ tres millones de pesetas en la bolsa de los caramelos para los niños. Nadie (poder)_____ explicar cómo (llegar, ellos)_____ hasta allí.

III. COMPLETA ESTOS DIÁLOGOS CON LA FORMA CORRECTA.

1. ⊙ ¿(Ver, vosotros) _____ ayer el partido?
   ○ Yo, sí, y creo que los dos (jugar) _____muy bien.
     Pero, ¡qué dices! Yo también lo (ver) _____ y no me (gustar) _____ nada de nada.

2. ⊙ ¿(Entender, tú) _____ la lección del miércoles?
   ○ La verdad, no.
   ⊙ ¿Y por qué no (preguntar, tú) _____ en clase?
   ○ Porque no (tener, yo) _____ tiempo.

3. ⊙ Ricardo, ¿qué (hacer, tú) _____ durante las vacaciones pasadas?
   ○ No (ir, yo) _____ a esquiar como otros años porque (estar, yo) _____ enfermo
     casi todo el tiempo.

4. ⊙ ¿Quién (ganar) _____ la Copa de Europa el año pasado?
   ○ Creo que (ser) _____ el Madrid, pero no estoy seguro.

5. ⊙ Beatriz, ¿dónde están los discos que te (llevarse) _____ el otro día?
   ○ No sé, ayer los (poner) _____ otra vez en su sitio.

6. ⊙ Mi vida (cambiar) _____ cuando (descubrir, yo) _____
     Internet y me (enamorar, yo) _____ locamente de un "cibernauta".
   ○ ¿Y todavía estás enamorada?
   ⊙ Nooooo, ya, no; todo (acabar) _____ cuando mi cibernauta maravilloso
     me (enviar) _____ un virus que (borrar) _____ casi todo mi disco duro.

PARA ACLARAR LAS COSAS

● ¡Qué dices!: exclamación que sirve para rechazar lo que ha dicho otra persona. Borrar: eliminar.

IV. a. HAZ FRASES SEGÚN LOS EJEMPLOS.

Hace seis meses que estoy aquí / que llegué aquí. Estamos en julio. Estoy aquí desde enero.

1. Encontré trabajo en marzo; ahora estamos en noviembre.
   Hace_____ que_____
   _____ desde _____

2. Me fui de casa de mis padres el año pasado; ahora vivo solo/a.
   Hace _____ que _____
   _____ desde _____

3. Empecé a enseñar en 1974; ahora estamos en 2002.
   _____ desde_____
   Hace_____ que_____

IV. b. COMPLETA CON DESDE (QUE) O HACE (QUE).

Del diario de un médico de pueblo:

1. _____ llegué a este pueblo, me ha pasado algo muy extraño. _____casi un año _____
   vivo aquí y la gente o no me habla o me invita a su casa como a uno más de la familia. No los entiendo.

2. _____ mayo, cuando escribí lo anterior, han pasado otros seis meses y todo sigue igual.
   He hablado con la alcaldesa y el médico y dicen que es normal.

3. _____ diciembre pasado vivo en la ciudad y no sé si me gusta; echo de menos a la
   gente del pueblo.

PARA ACLARAR LAS COSAS

● Alcaldesa: mujer que dirige el Ayuntamiento. El hombre se llama alcalde.

V. Completa estos minidiálogos con la forma correcta del indefinido.

1. ⊙ ¿Qué (hacer, tú) _____ **el viernes**?
   O (Ir, yo) _____ al cine con unos amigos; (ver, nosotros) _____ una peli que
   me (gustar) _____ mucho.

2. ⊙ Al final ¿qué (pasar) _____ con el trabajo de periodista?
   O ¿No te lo he contado? Me (llamar, ellos) _____ **hace unos días** y... ¡me (dar, ellos)
   _____ el puesto! Tengo un contrato de seis meses.

3. ⊙ **El fin de semana pasado** (estar, nosotros) _____ todo el día en la playa, nos
   (bañar) _____ , (jugar) _____ a las palas... Lo (pasar) _____ fenomenal.
   O Pues yo no (tener) _____ tiempo de ir. Estoy harta de tanto trabajar.

4. ⊙ Cuando (encender, yo) _____ la tele, (ver, yo) _____ unas imágenes
   horribles y la (apagar, yo) _____ enseguida.
   O Es que parece que sólo hay desgracias en el mundo.

5. ⊙ Mi vida (cambiar) _____ cuando **hace seis años** me (tocar) _____ la lotería,
   me (comprar, yo) _____ la casa de mis sueños y (dejar, yo) _____ el trabajo.
   O ¿Y sólo por eso (cambiar) _____ tu vida?
   O ¿Te parece poco?

VI. Ordena.

1. No / desde / fumo / enero
2. hizo / terrible / calor / un / Ayer
3. Anoche / raro / tuve / sueño / un / muy
4. dio / las / hace / notas / una / profesora / semana / La
5. a / por / primera / Brasil / Fuimos / vez / 1998 / en
6. Cuando / a / la / vi / discoteca / fui / a / mis / alumnos
7. casi / diez / que / como / carne / no / Hace / años

VII. Haz la preguntas para estas respuestas.

1. ⊙ ¿ _____ cuándo _____ ?
   O Desde diciembre.

2. ⊙ ¿ _____ ?
   O Muy tarde, casi a las cinco.

3. ⊙ ¿ _____ Franco?
   O En 1975.

4. ⊙ ¿ _____ su vida?
   O Cuando empecé a trabajar por Internet.

5. ⊙ ¿ _____ cuándo _____ ?
   O Desde 1977.

6. ⊙ ¿Cuándo _____ ?
   O Hace un año, más o menos.

7. ⊙ ¿ _____ ?
   O Alfred Nobel, creo.

8. ⊙ ¿ _____ ?
   O Hace una semana.

VOCABULARIO

I. ¿RECUERDAS ESTOS VERBOS? PUEDEN CAUSARTE CONFUSIÓN. ÚSALOS EN EL CONTEXTO ADECUADO.

Saber: (hacer) cosas + dónde, quién, qué, cómo, etcétera.
Conocer: personas, ciudades, países...
Encontrar: cosas, a personas después de buscar o por casualidad...
Poder: tener la posibilidad de hacer cosas.
Tocar: instrumentos de música.
Poner: hacer funcionar aparatos eléctricos.

> **¡OJO!**
> Usamos *conocer* y no *encontrar* cuando vemos a alguien por primera vez:
> *Esta mañana hemos conocido a la nueva monitora de gimnasia.*

II. EN ESTE CUADRO TENÉIS UNA SERIE DE ELEMENTOS QUE FORMAN DISTINTOS PAISAJES. CON AYUDA DEL PROFESOR Y DEL DICCIONARIO, COLOCADLOS CORRECTAMENTE EN EL DIBUJO.

río	montaña	árboles	península	océano
bosque	lago	selva	mar	valle
desierto	isla	costa	dunas	puerto

EJERCICIOS

I. Completa con los verbos del Vocabulario I.

1. ⊙ ¿_____ (tú) dónde está la calle Grazalema?
   O No. Lo siento no soy de aquí.
2. ⊙ ¿_____ (tú) Cuenca?
   O Sí, he estado allí de vacaciones. Es una ciudad preciosa.
3. ⊙ Muchos alumnos míos _____ jugar al golf.
   O Pues yo siempre he pensado que el golf es un deporte de mayores.
4. ⊙ ¿Vienes con nosotros al cine?
   O No _____, tengo un examen el lunes y tengo que estudiar.
5. ⊙ Estás muy contento, ¿no?
   O Sí, es que _____ (yo) a una chica maravillosa y creo que me he enamorado.
6. ⊙ ¿De verdad no _____ esquiar?
   O No, es que donde yo vivo no nieva mucho.
7. ⊙ ¡Qué bien _____ (él) la guitarra! ¿Verdad?
   O Sí, es un genio.
8. ⊙ ¿Puedo _____ la tele? Es que quería ver las noticias.
   O De acuerdo; pero después, la apagas, ¿vale? Los programas en verano son malísimos.
9. ⊙ Ese chico es un inútil, no _____ hacer nada de nada.
   O ¡Hombre! Es que ha empezado esta semana. Tienes que tener un poco de paciencia.
10. ⊙ ¡Hola, Puri! Soy Marta, ¿qué tal el primer día después de las vacaciones?
    O ¡Hola, Marta! Pues imagina, con tanta ropa sucia, estoy _____ varias lavadoras, pero lo he pasado muy bien.

IIa. Para aprender un poco de geografía. Completa con el Vocabulario II.

1. España y Portugal forman la _____ Ibérica.
2. En América del Sur está el _____ más largo del mundo, el Amazonas.
3. El _____ Titicaca está entre Perú y Bolivia.
4. La Manga del _____ Menor es una región muy turística de Murcia.
5. Si quieres pasar unas vacaciones en medio de _____ de pinos y hayas, tienes que ir al Pirineo, a los _____ de Ansó y Hecho.
6. En las playas de Huelva hay _____ que convierten esa _____ en algo muy diferente del resto del sur de España.
7. ¿Sabías que la _____ de Pascua pertenece a Chile?
8. La _____ del Amazonas está en peligro –y nosotros con ella–, porque las empresas madereras cortan _____ sin control.
9. El mayor _____ del mundo es el del Sahara y la _____ más alta, el Himalaya.
10. Hay quien dice que el ser humano puede ir a la Luna, pero no conoce el fondo de los_____

IIb. ¿Puedes describir a tus compañeros/as una región de tu país?

ACTIVIDADES

DE TODO UN POCO

I. AQUÍ TIENES UNA ENCUESTA HECHA EN EL Nº **11** DE LA REVISTA *COSMOPOLITAN*. DESPUÉS DE LEER LO QUE DICE CADA UNO, EN PAREJAS SALID DE CLASE Y PREGUNTAD A COMPAÑEROS/AS DE OTROS CURSOS, A PROFESORES/AS... CON SUS RESPUESTAS, ELABORAD UN MURAL. LA PREGUNTA QUE TENÉIS QUE HACER ES: ¿CUÁNDO CAMBIÓ TU/SU VIDA?

Carmen, 27 años, telefonista:

Mi vida cambió cuando el oftalmólogo me puso gafas y empecé a verlo todo más claro. Tan claro, que busqué otro trabajo.

Jesús, 30 años, profesor:

Se escapó mi precioso canario, me puse muy triste. Mi vecina lo vio y me regaló un **loro.** Fue un cambio total. Ahora tengo unos dolores de cabeza terribles.

Raúl, 26 años, economista:

Presenté mi primer informe de trabajo. Resultó ser muy bueno. Mis jefes se quedaron impresionados. Ahora me buscan a mí para hacer los **trabajos "sucios".** Lección: es mejor parecer tonto.

Almudena, 29 años, abogada:

Mi vida no sé, pero mi imagen cambió cuando me rompí la nariz. Aproveché la ocasión para hacerme la cirugía estética. Ahora mi nariz me encanta.

PARA ACLARAR LAS COSAS

Trabajos sucios: *trabajos desagradables que nadie quiere hacer.*
Loro: *pájaro que habla.*

II. EN EQUIPOS, ENTRAD EN ALGUNA DE LAS DIRECCIONES QUE OS DAMOS Y TRAED A CLASE UNA SELECCIÓN DE NOTICIAS. OS PRESENTAMOS LAS QUE HEMOS ELEGIDO COMO EJEMPLO. BUSCAD EN UN DICCIONARIO LAS PALABRAS QUE ESTÁN EN NEGRITA.

http://www.clarin.com.diario
Un **tangódromo** en Montserrat.
Está en el centro cultural.
Ayer se **inauguró** con más de 300 personas. Y en la pista bailaron más de 50 parejas.

www.elcomercioperu.com/index.html
Una verdad congelada en Los Andes.
El 16 de julio de 1976 el helicóptero Alouette III-637 participó en una misión de **rescate** en Cordillera Blanca y tuvo un accidente. Después de 24 años, encontraron los restos de la **nave.**

PARA ACLARAR LAS COSAS

Tangódromo: *lugar donde se bailan tangos.*

III. EN EQUIPOS, BUSCAD INFORMACIÓN EN UNA ENCICLOPEDIA O EN INTERNET Y PREPARAD PREGUNTAS COMO LAS DEL EJERCICIO **II** DE VOCABULARIO. GANA EL EQUIPO QUE MÁS RESPUESTAS ACIERTE. ¡SUERTE!

¿Quién inventó el teléfono?   ¿Dónde están/qué son Los Andes?

ASÍ SE HABLA

TERMINAR UNA CONVERSACIÓN O UNA CHARLA.

⊙ Pues sí, hablamos con la directora, le contamos nuestros problemas, nos escuchó y tomó nota de todo.
○ Y ¿qué más?
⊙ Nada más. Eso es todo.
○ Pues, la verdad, no es mucho.

En fin...
Eso es todo..
Y ya está.
Y para terminar...

Estimados socios: les doy las gracias por haber venido y por su colaboración.
Para terminar, quiero recordar que hemos cambiado la hora de la cena de gala: nos vemos a las 9:30 en vez de las 10.

TE TOCA

 Cuenta a tus compañeros algo que ha ocurrido y termina usando alguno de los recursos anteriores.

EN SITUACIÓN

EN CASA DE UNOS AMIGOS QUE TE HAN INVITADO A CENAR.

Al llegar:
⊙ Hola, ¡llegamos demasiado pronto?
○ ¿Qué tal? No, Martín y Birgit ya están aquí, adelante.
⊙ ¡Qué casa tan bonita!
○ Luego os la enseño.
⊙ Hemos traído una botella de vino de Málaga.
○ Muchas gracias, voy a ponerla en el frigo, para tomar luego una copita.

Hablando con otros invitados:
⊙ ¡Cuánto tiempo sin veros! ¿Cómo estáis?
○ Es verdad, no nos vemos nunca.
⊙ ¿Y las niñas?
○ Las hemos dejado con la abuela. Esta noche podemos volver tarde.
⊙ Bueno, chicos, a cenar.

En la mesa:
⊙ ¡Qué rico! Eres un/a artista, no sé cómo lo haces.
○ Todo está buenísimo, oye. ¿De dónde sacas el tiempo?
⊙ Es que me gusta mucho la cocina y, además, me relaja.
⊙ ¿Queréis un poco más?
○ Yo no puedo más, de verdad.
⊙ Venga, un poquito.
○ Bueno, pero muy poco, en serio.
⊙ Yo quiero un poco más, es que está…
○ Yo no puedo más, de verdad, es que no suelo cenar mucho.

TE TOCA

 Ésta es la última lección; seguro que podéis representar esta situación casi sin ayuda. Imaginad que estáis en casa de unos amigos españoles.

COMO LO OYES

I. ESCUCHA CON ATENCIÓN Y TOMA NOTA DE LOS SIGUIENTES DATOS:

Fecha y lugar de nacimiento: _____

¿Cuándo murió? _____

¿Qué hizo antes de morir? _____

¿Por qué? _____

¿Cómo y dónde empezó a trabajar? _____

_____

II. ANÉCDOTAS CON INGENIO. ESCUCHA, CONTESTA Y LUEGO REPITE LA ANÉCDOTA DE TUS COMPAÑEROS. ANTES, BUSCA EN EL DICCIONARIO: *PRECURSOR Y GENIO*

⊙ ¿De qué personajes se habla?

⊙ ¿Por qué fue famoso cada uno?

⊙ ¿En qué época vivió cada uno?

⊙ Busca en un mapa Castilla y León y Figueras.

⊙ Ahora, si sabes alguna anécdota, cuéntala.

LEE

El qué, dónde, cuándo, cómo y porqué del euro

1998	1999 a 2001	2002
• Selección de los países que inicialmente adoptaron el euro como moneda única. • Constitución del Banco Central Europeo.	• El 1 de enero de 1999 se inició la Unión Económica y Monetaria. • Se fijaron los tipos de cambio y con ello se eliminaron las fluctuaciones entre las monedas de los países euro. • En esta etapa aprendimos el valor del euro y sus ventajas. • En este periodo se inició una política monetaria única para los países euro.	• Se ponen en circulación los nuevos billetes y monedas en euros. • Se pueden cambiar las pesetas por euros en cualquier entidad financiera. • El euro se convierte en la moneda única europea para todos y para todo.

BUSCA EN EL TEXTO SINÓNIMOS DE: *EMPEZAR; DIFERENTES VALORES MONETARIOS;* AL PRINCIPIO.

ELIGE UNO DE LOS HECHOS DE CADA COLUMNA Y EXPRÉSALO CON OTRAS PALABRAS.

¿Qué es una entidad financiera?

¿Qué se puede adoptar, además de una moneda?

¿Qué te recuerda la palabra **circulación**?

¿Qué ha ocurrido hasta hoy en relación con este anuncio?

ESCRIBE

I. AYER FUE UN MAL DÍA. (Ver el ejercicio 2 de la Unidad 6). **ESCRIBE POR ORDEN TODO LO MALO QUE TE PASÓ. SEGURO QUE SI LO VES ESCRITO, TE PARECE MENOS TERRIBLE.**

Para ordenar los hechos:

> ⇨ *primero / para empezar / lo primero que pasó fue... El día empezó mal: me levanté tarde. Luego / más tarde, además, al final / para terminar / total que*

Eso no se dice:	Se dice:
Por ~~la~~ primera vez.	Por primera vez.
Nunca he ~~encontrado~~ personas ~~como~~ así.	Nunca he conocido personas así.

REPASO DE LAS UNIDADES 9, 10, 11 Y 12

ELIGE LA RESPUESTA CORRECTA

1. ⊙ Si quiere ahorrar dinero, _____ ahora y _____ después.
   a. compre / pague   b. compra / paga

2. ⊙ Si queréis saber las notas, _____ la semana que viene.
   a. volved   b. vuelvan

3. ⊙ Cuando estás de vacaciones _____ ejercicio
   y _____, sobre todo, el teléfono móvil.
   a. haga / apague   b. haz / apaga

4. ⊙ Señor Pérez, _____ la verdad, toda la verdad
   y nada más que la verdad.
   a. di   b. diga

5. ⊙ Si le roban en la calle, _____.
   a. llame a la policía   b. compre un antivirus

6. ⊙ Las cosas viejas se ponen en _____.
   a. los cuartos de baño   b. los trasteros

7. ⊙ Para _____ hay que estudiar mucho y... tener
   un poco de suerte.
   a. aprobar   b. descansar

8. ⊙ La _____ recuerda la pasión y muerte de Jesucristo.
   a. Semana Santa   b. semana blanca

9. ⊙ Lucía y Jordi han abierto un restaurante.
   ○ _____, ¡vaya sorpresa!
   a. ¡Venga!   b. ¡No me digas!

10. ⊙ ¿ _____ el lápiz?
    ○ ¡Claro que sí!
    a. Me puedes   b. Me prestas

11. ⊙ ¿_____ las adivinanzas?
    ○ Sí, mucho, a mí _____.
    a. os gusta / me encanta   b. os gustan / me
    encantan

12. ⊙ Yo _____ por las mañanas para despertar __.
    ○ ¿Ah, sí? Yo prefiero _____ por las noches para relajar__.
    a. me ducho / me / bañarme / me
    b. me lavo / se / ducharme / se

13. ⊙ ¿Por qué no ___ _____ esos vaqueros?
    ○ Es que nunca ___ _____ vaqueros.
    a. te lavas / me visto   b. te pruebas / me pongo

14. ⊙ No ___ ___ _____ con los compañeros de trabajo.
    ○ Pues mis compañeros a mí ___ ___ _____.
    Son muy simpáticos.
    a. me llevo bien / me caen bien
    b. me gustan / me encantan mucho

15. ⊙ Toma, este paquete es _____ (tú).
    ○ ¿ _____ (yo)?
    ⊙ Sí, _____ tu cumpleaños.
    a. por mí / por mí / para   b. para ti / para mí / por

16. ⊙ Si ___ ___ _____ , respira profundamente
    ___ ___ relajarte.
    ○ Es que cuando respiro profundamente ___ ___
    _____, es muy raro.
    a. te pones nervioso / para / me mareo
    b. te pones mareado / para / me mareas

17. ⊙ Con 12.000 euros podemos comprar ___ _____,
    _____ y _____.
    a. una terraza / un apartamento / discos
    b. un equipo de música / una lavadora / discos

18. ⊙ El _____ sirve para _____.
    a. rímel / pintarse los ojos
    b. secador / pintarse los ojos

19. ⊙ ¿A qué hora podemos vernos?
    ○ ¿Qué ___ ___ _____ a las 10 en mi despacho?
    a. le parecen   b. le parece

20. ⊙ Al principio todo ___ _____ muy difícil, ahora
    sé cómo funcionan las cosas.
    ○ Es normal, a mí ___ _____ lo mismo.
    a. me parecían / me parecía
    b. me parecía / me pasaba

21. ⊙ ¿Qué _____ la gente cuando no_____ teléfonos
    móviles?
    ○ _____ menos y los teléfonos nunca _____ en los
    restaurantes o en los trenes.
    a. compraba / había / sonaba / llamaba
    b. hacía / había / llamaba / sonaban

22. ⊙ ___ invierno, nieva mucho ___ mi país.
    ○ Aquí, en cambio hace mucho calor ___ esos meses.
    a. 0 / en / por   b. En / en / en

23. ⊙ ___ ___ _____ empieza a hacer frío.
    ○ Sí, pero ___ _____ hace muy agradable.
    a. Por la noche / de día
    b. Por la noche / por día

24. ⊙ ONG es el nombre de ___ _____ ___ _____.
    a. un grupo musical
    b. una organización no gubernamental

REPASO DE LAS UNIDADES 9, 10, 11 Y 12

25. ⊙ ¿Has metido en la _____ las _____ para bucear?
    ○ Claro, y también las _____ .
    a. bolsa / toallas / gafas   b. maleta / gafas / aletas

26. ⊙ Cuando viajo siempre llamo al _____ para _____ la habitación.
    ○ Yo, también, sobre todo __ _____ _____ .
    a. ascensor / reservar / en temporada baja
    b. hotel / reservar / en temporada alta

27. ⊙ ¿Vamos al cine este fin de semana?
    ○ Muy bien, ¿_____ _____ ?
    a. dónde estamos   b. dónde quedamos

28. ⊙ Las _____ magnéticas son más seguras, pero se estropean más.
    ○ Es verdad.
    a. llaves   b. puertas

29. ⊙ *El Espectador* es un periódico _____ .
    a. colombiano   b. peruano

30. ⊙ Ayer _____ con mi amigo más de dos horas.
    ○ ¿Le _____ toda tu vida o qué?
    a. hablaba / contaste   b. hablé / contaste

31. ⊙ ¿Quién _____ eso de Llegué, vi y vencí?
    ○ Creo que _____ Julio César.
    a. decía / era   b. dijo / fue

32. ⊙ Estamos aquí _____ una hora y todavía no ha pasado ningún autobús.

    ○ Claro, es que _____ ayer sólo circulan cada dos horas.
    a. hace / desde   b. desde / desde

33. ⊙ El Titicaca es un _____ que está en América del ___.
    a. río / Centro   b. lago / Sur

34. ⊙ No veo a Luis _____ enero pasado.
    ○ Yo tampoco. Es que _____ trabajo en México.
    a. hace / ha encontrado
    b. desde / encontró

35. ⊙ ¿Sois amigos _____ mucho tiempo?
    ○ Sí, _____ _____ en el colegio y siempre hemos vivido muy cerca.
    a. hace / nos conocimos
    b. desde / nos encontramos

36. ⊙ La _____ Ibérica está formada por _____ y España.
    a. montaña / Portugal   b. península / Portugal

37. ⊙ Mi vida _____ cuando el oftalmólogo me _____ gafas y _____ a ver claramente.
    a. cambió / ponió / empezé   b. cambió / puso / empecé

38. ⊙ ¿Ya no me cuentas nada más?
    ○ No, _____ . Ha sido un día muy tranquilo.
    a. eso es todo   b. eso es mucho

REPASO DE ORTOGRAFÌA

A) Completa con S, Z o C

1. Los __ apatos nuevos me han hecho daño.
2. En España ahora __ e bebe más __ erve __ a.
3. Donde yo vivo hay una pi __ ina muy grande.
4. Mi ve __ ina me regaló un loro y ahora me duele la __ abe __ a todos los días.

B) Completa con C o QU

1. De pe __ eños íbamos de va __ a __ iones __ on los abuelos.
2. ¿ __ ién ha llamado?
3. He re __ ibido __ ien tarjetas de Navidad.
4. __ eremos saber __ uántos alumnos han aprobado.

PASATIEMPOS

Añade la misma letra a cada palabra para obtener una nueva. Usa el diccionario o a tus compañeros/as.

Ejemplo:
Una consonante: M
ATAR   MATAR
AS   MÁS
RÍO   RIMO

Una consonante
a. ALA
b. BATA
c. VÍA
d. PATA

Una vocal
e. QUITO
f. LO
g. EN
h. MISIÓN

Grabaciones

UNIDAD PRELIMINAR

COMO LO OYES

I. Sevilla, hotel, España, amigo, guitarra, mucho, tequila, baloncesto, manzana, máximo, bicicleta, guacamole, Venezuela, Gabriel García Márquez, arroz, chocolate, cerdo, tomate, café, cacao, azteca, raza, ayer, sofá, beber, agencia, extranjero, Enrique, vosotros.
(Leer despacio y haciendo una pausa entre palabra y palabra)

II. ¿Qué quiere decir...?
¿Cómo se pronuncia?
¿Puede repetir?
Escucha
Habla
En parejas

UNIDAD 1

COMO LO OYES

I. gris, 5, rojo, 6, azul, 10, verde, 4, rosa, 2.

IIA. Buenos días, soy Marta Navarro ¿Es usted el Señor Ramírez?
Sí, soy yo, ¿cómo está usted, Señora Navarro?
Muy bien, gracias ¿y usted?
Bien, gracias.

IIB. Hola, Joseba, ¿qué tal?
Regular.
¿Cenamos juntos hoy?
Vale, gracias.
No hay de qué, hombre.

UNIDAD 2

COMO LO OYES

I. domingo, 12, 17, jueves, 21, 32, martes, 39, 47, sábado.

II. En la calle
Por favor, ¿para ir a la Avenida de la Libertad?
Es muy fácil, la segunda calle a la izquierda.
Muchas gracias

En la oficina
Buenos días, ¿el despacho del señor Rosales, por favor?
La primera puerta a la derecha.
Perdone, ¿puede hablar más alto?
Sí, la primera puerta a la derecha.
Muchas gracias.
De nada. Adiós, buenos días.

En clase
Por favor, ¿puede repetir la respuesta?
Sí, por supuesto. "Los Pirineos están entre Francia y España".
Muchas gracias.
De nada.

UNIDAD 3

COMO LO OYES

I. ⊙ ¿A qué hora empieza la película?
○ Empieza a las siete
⊙ ¿De qué quieres el helado?
○ De vainilla. No, no, de chocolate.
⊙ ¿En quién piensas?
○ En mi novio.
⊙ ¿Cuántos años tienes?
○ Tengo 32.
⊙ ¿De dónde vienes?
○ Vengo de la farmacia.
⊙ ¿A qué hora haces la comida?
○ A las dos y media.
⊙ ¿A qué hora sales del trabajo?
○ Salgo a las tres.
⊙ ¿A qué hora cierran los bancos?
○ A las dos.

II. El hospital Mediterráneo no es muy grande, dispone de 244 camas.

Jaime Sameño y Luisa Catalá tienen dos hijos: Inmaculada y Alfonso.

Los padres de Isabel y Federico se llaman Isabel y Eduardo.

En esta escuela hay en este momento 427 alumnos.

María y David son hermanos. David está casado y tiene dos hijos: Ana y José.

El señor Saavedra sale a las ocho menos veinticinco para su trabajo.

¿Vamos al cine?

Vale.

A las 7 en la puerta del cine porque la película empieza a las siete y cuarto.

Tiene un tren para Bilbao a las 17h. 45min.

La familia Irujo almuerza muy tarde; a las 15h. 30 min.

Santiago García hace los deberes después de comer, hacia las cuatro.

UNIDAD 4

COMO LO OYES

I. Me llamo Gaspar y vivo con otros tres estudiantes en un piso. Los cuatro tenemos gustos muy diferentes. A Pedro le encanta tocar la guitarra, pasear, leer, hablar de filosofía, el té y el pescado y montar en bicicleta. No le gusta el fútbol. A Guillermo le encanta levantarse temprano para ir al gimnasio. Le gusta mucho el fútbol, montar en moto, comer y no le gusta salir por la noche. A Miguel le gusta mucho fumar, salir por la noche, ver la tele y comer bocadillos. Le encantan las chicas. A mí me gusta mucho el campo. Me encantan los animales, especialmente los perros y los caballos. Mi familia vive en el campo y yo vivo en este piso mientras estudio en la universidad. En vacaciones vuelvo a mi casa. Allí me encanta salir con mis perros, montar a caballo, trabajar en el campo y comer buena comida y beber buen vino. Cuando estoy en la ciudad voy mucho al cine y al teatro. Los cuatro somos muy diferentes pero vivimos juntos sin problemas.

II. El clima

En el norte de España llueve mucho. El invierno no es muy frío y en el verano la temperatura es muy agradable, unos 23 grados. En Castilla el invierno es frío y los veranos muy calurosos. En la zona mediterránea el invierno es muy suave y el verano es caluroso. En las montañas como los Pirineos, en el norte, y en Sierra Nevada, en el sur, nieva mucho durante el invierno. En las islas Canarias el clima es subtropical.

UNIDAD 5

COMO LO OYES

I. Recordamos a los señores bañistas que:

No deben tirar cosas al suelo.

No se puede jugar a la pelota a la orilla del mar.

Está prohibido traer animales.

No se puede poner la música alta.

11. ⊙ Buenos días ¿qué **quiere**?

○ **Dos lechugas**, un kilo de cebollas y una coliflor.

⊙ **¿Grande** o pequeña?

○ Esta pequeña.

⊙ ¿Algo **más**?

○ Sí, ¿Tiene **cerezas** ?

⊙ No, lo siento; **pero** tengo manzanas, peras, melocotones, **sandía**...

○ ¿A cuánto **están** las peras?

⊙ A **2,20 euros**.

○ Pues un kilo de peras y una sandía. ¿Cuánto es todo?

⊙ A ver... **4, 85 euros**.

○ Aquí tiene. Adiós, buenos días.

⊙ Adiós, muchas **gracias**.

UNIDAD 6

COMO LO OYES

I. 1.⊙ ¿ A qué hora te has levantado?
○A las 7 porque tenía que hacer los deberes.

2.⊙ ¿ Dónde has desayunado?
○ En un bar, como siempre.

3.⊙ ¿ Qué te ha dicho Alberto esta mañana?
○ Que hoy es el cumpleaños de su padre.

4.⊙ ¿ Qué has hecho?
○ He estado en la oficina hasta las 15h.

5.⊙ ¿ Has hablado ya con Marta?
○ No. Es que está de viaje.

6.⊙ ¿Has terminado ya los deberes?
○ No, todavía no los he acabado.

7.⊙ ¿Dónde has visto a Alejandro?
○ Lo he visto en la biblioteca.

8.⊙ ¿Qué obra de teatro habéis visto?
○ Don Juan Tenorio.

8.⊙ ¿Quién ha traído este paquete?
○ La hermana de Gustavo.

10.⊙ ¿Por qué no has ido a la facultad?
○ Porque he dormido muy mal esta noche.

11. Queremos saber si los españoles cuidan su salud.

Caballero, por favor ¿qué ha hecho Ud. hoy para cuidar su cuerpo?
¿Yo? Pues, esta mañana he paseado una hora por la playa, y después he tomado mi zumo de naranja y una tostada con aceite. ¡De oliva, eh!

Y Ud., joven ¿qué ha hecho hoy para cuidar su cuerpo?
Como siempre, he dormido hasta las 11, luego he tomado un café bien grande y he fumado un cigarrillo para relajarme.

Chica, por favor, ¿puedes contestarme a esta pregunta: qué has hecho hoy para cuidar tu cuerpo?

He ido a las 7h. 30min. a clase de yoga. Después he trabajado, he hecho una comida ligera y ahora voy a un curso de meditación.

UNIDAD 7

COMO LO OYES

I. Hoy hace una mañana estupenda de primavera. Mucha gente ha ido al parque. En un banco verde hay dos personas mayores hablando tranquilamente. Delante de ellos, un poco más lejos, hay un niño jugando con una pelota. A unos 20 metros hay un quiosco donde un hombre vende helados y botellas de agua. A la izquierda del quiosco hay una gran zona de césped y, allí, hay una pareja que está besándose, y bastante cerca de ellos hay un chico que está leyendo un libro. De pronto pasa corriendo por delante de él un gran perro, el jardinero, que está cortando el césped, llama la atención a su dueño y le dice que su perro está molestando. Por el camino principal un padre está paseando a su bebé, y pasa por delante de un hombre que está pintando a su esposa , que está leyendo el periódico. Ya es un poco tarde y hay que volver a casa a comer.

II. *Ring... ring*

⊙ Almacén Costa Brava, dígame.

○ Buenos días, le llamo de la tienda Línea de Vitoria.

⊙ ¡Ah sí! ¿Con quién hablo?

○ Con Raquel

⊙ Hola, Raquel, yo soy Alfredo ¿Qué quieres?

○ Mira, necesitamos 14 pares de pantalones del modelo E2498; 5 de la talla 56, 2 negros y 3 grises; 7 del mismo modelo de la talla 52, 5 grises y 2 negros y 2 del modelo F3104 uno en gris y otro en negro.

⊙ Espera un momento que lo voy a comprobar en el ordenador.

○ Vale.

⊙ Sí, tenemos los 14 pares.

○ También necesitamos 8 camisas blancas de señora del modelo Ñ8523, 4 de la talla 40 y 4 de la 42.

⊙ Espera un segundo... Lo siento, sólo tenemos 2 de la 40 y una de la 42.

○ Bueno, lo necesitamos pronto. ¿Cómo lo vais a enviar?

⊙ Mira, nuestro camión sale mañana a las 6 de la mañana para Bilbao y luego va a Vitoria por la tarde. Podéis recibir el paquete hacia las 6.

○ Estupendo y muchas gracias, Alfredo.

⊙ Adiós Raquel.

UNIDAD 8 ▮▬▬▬▬▬▬▬▬▬▬▬▬▬▬▬▬▬▬▬▬▬▬▬▬▬▬▬▬▬▬▬

COMO LO OYES

I. Los médicos han descubierto que la dieta mediterránea es muy saludable. Cocinar o aliñar con aceite de oliva los alimentos es muy sano. Beber una copa de vino en la comida tiene efectos positivos. Muchos productos, algunos de consumo diario en casi todo el mundo, son originarios de América: el café, el cacao, la vainilla, el tabaco, el chicle, la piña, el mango, la papaya, las patatas, las batatas (patatas dulces), los pimientos, el maíz, las calabazas, los tomates, los frijoles que en España se llaman judías o alubias, y los cacahuetes.

Algunas frutas y verduras se llaman de forma diferente en español de España y en español de Hispanoamérica, por ejemplo: en casi toda España se llaman patatas a lo que los hispanoamericanos llaman papas, a los duraznos en España se les llama melocotones, a las bananas se les llama plátanos, los frijoles reciben el nombre de judías o alubias.

El desayuno español es bastante ligero. En general, un café con leche, pan con mantequilla o galletas, o un bocadillo.

El almuerzo o la comida hacia las 14h. es la comida más fuerte del día. Algunas personas meriendan y finalmente se cena entre las 20h. y las 22h.

II. 1 999 / 1 999 / 1 999 / 23 040 / 23 040 / 23 040 / 54 001 / 54 001 / 54 001 / 184 327 / 184327
184 327 / 1 000 060 / 1 000 060 / 1 000 060 / 6 000 351 / 6 000 351 / 6 000 351 / 8 003 611
8 003 611 / 8 003 611 / 4 075 003 / 4 075 003 / 4 075 003 / 9 674 025 / 9 674 025
9 674 0252

UNIDAD 9 ▮▬▬▬▬▬▬▬▬▬▬▬▬▬▬▬▬▬▬▬▬▬▬▬▬▬▬▬▬▬▬▬

COMO LO OYES

I. Los bailes caribeños proceden de las islas del Caribe. Tienen mucho éxito en los países europeos porque mucha gente ya ha estado alguna vez en Cuba, Santo Domingo o Jamaica. Otra de las razones para el éxito de estos bailes es que permiten la socialización, es decir, bailar en parejas y pasarlo bien en las discotecas o bares de moda y no tener miedo a moverse.

No hay reglas fijas para bailar salsa o merengue, por ejemplo. Los dos se basan en el desplazamiento del peso del cuerpo de un pie a otro, como cuando andamos, con un movimiento parecido a una onda que sube de los pies a la cabeza y que baja de la cabeza a los pies.

II. Aquí están los calores del verano. Para luchar contra ellos os proponemos unos sencillos refrescos, llenos de vitaminas, deliciosos y sin una gota de alcohol.

Zumo de sandía y piña.
Ingredientes para una persona:
una rodaja de piña fresca
un buen trozo de sandía
tres guindas verdes

Elaboración.

Corta la piña en trozos regulares. A continuación limpia la sandía y córtala también en trozos. Haz zumo con las dos frutas pasándolas por la licuadora y viértelo en un vaso o una copa, añade cubitos de hielo y las guindas verdes para adornar. Sírvelo bien frío y recién hecho para conservar sus propiedades.

Té a la canela con aroma de frutas.
Ingredientes para una persona:
la piel de un melocotón o durazno
la piel de un limón
palito de canela
un litro de agua
una cucharada de azúcar
una cucharada de té
hielo picado

Elaboración.

Pon a hervir el agua y añade las pieles del melocotón y del limón y el medio palito de canela. Mantén el agua hirviendo durante cinco minutos y después añade el té. Apaga el fuego y deja la mezcla en infusión durante cinco minutos más. Cuélalo y viértelo en un vaso. Añade azúcar al gusto y el hielo picado.

UNIDAD 10

COMO LO OYES

I. **1 Hoy me he levantado tarde.**
⊙ Pero, Antonio, ¡qué pinta tienes esta mañana! ¿Qué te ha pasado?
○ Que no he oído el despertador y me he levantado tarde, por eso no he tenido de tiempo de ducharme y me he vestido muy deprisa.
⊙ ¿A qué hora te levantas normalmente?
○ A las 7:30h.

2 Afeitarse o depilarse.
⊙ ¡**Qué lata** tener que afeitarse todos los días!
○ Es verdad, las mujeres no nos afeitamos, pero tenemos que depilarnos, ¿qué opinas de eso?
⊙ Que prefiero afeitarme.

3 ¡Qué maravilla bañarse en invierno!

⊙ Ulrika, ¿qué haces tú aquí?

○ Es que estoy viviendo en Málaga.

⊙ ¿Y estás contenta?

○ ¡Claro! Me encanta poder bañarme desde marzo hasta noviembre y, además, tengo un trabajo sólo por las mañanas.

⊙ Y por las tardes, ¿qué haces?

○ Ir a la playa, tomar el sol y… bañarme.

II. Les presento a la familia Catano – Mazatlán, mexicanos. Al final del día, Benito vuelve de pescar. Hoy ha habido suerte y trae unos cuantos peces. Una parte es para su familia. El resto es para venderlos en la pequeña tienda de ultramarinos de su esposa, Lourdes. El negocio está junto a la casa. A Belinda, la hija de 16 años, le gusta el mar como a su padre y desea estudiar Biología Marina después de acabar el Instituto.

UNIDAD 11

COMO LO OYES

I. Érase una vez
Un lobito bueno
Al que maltrataban
Todos los corderos
Y había también
Un príncipe malo
Una bruja hermosa
Y un pirata honrado
Todas estas cosas había una vez
Cuando yo soñaba un mundo al revés.

II. Colombia es el único país de América que lleva el nombre de su descubridor: Cristóbal Colón. Originalmente los españoles la llamaban "Nueva Granada" en recuerdo de la otra Granada de España.

Hoy día conocemos Colombia por ser la patria del autor de *Cien años de soledad*, Gabriel García Márquez y por su buen café, que era antes el primer producto para la exportación. Lamentablemente ahora el producto más "exportado" es la coca.

Antes de este desgraciado hecho, Colombia era un país de gran tradición cultural: a Bogotá la llamaban la Atenas de Latinoamérica. Hoy en día allá se publican tal vez los mejores periódicos del continente de habla hispana: "El Tiempo" y "El Espectador", famoso este último por su lucha contra las mafias de la droga.

Un bello recuerdo de un viaje a Colombia es ver bailar la cumbia (baile típico de las costas del Caribe) por la noche, en la playa, con velas en las manos.

Para terminar, debemos recordar que el español o castellano que hablan los colombianos es uno de los más bellos del mundo.

UNIDAD 12 ▬▬▬▬▬▬▬

COMO LO OYES

I. Vidas que hacen Historia.

Alfred Nobel, químico y empresario sueco, nació el 21 de octubre de 1833 en Estocolmo. Entró a trabajar en la empresa de armas de su padre. En 1867 descubrió la posibilidad de controlar las explosiones. En ese mismo año inventó la dinamita y en 1887 la gelatina explosiva. Con esas sustancias fundó una industria de explosivos que extendió por todo el mundo.

Cuando vio la destrucción causada por el uso militar de sus productos, creó el Premio Nobel un año antes de su muerte, que ocurrió el 10 de diciembre de 1896.

II. Anécdotas con ingenio.

Escucha, contesta y luego repite la anécdota a tus compañeros.

1º. Alfonso X el Sabio fue rey de Castilla y León en el siglo XIII. Tuvo en su corte muchos sabios y participó en trabajos importantes de derecho e historia. También destacó como poeta.

Un día le dijeron que muchos de sus consejeros eran listos y otros, muy tontos. El rey contestó. "Señores, yo necesito a los listos y los tontos me necesitan a mí, así estamos todos en paz."

2º. Salvador Dalí, pintor español que vivió entre los años 1904 y 1989. Fue precursor del surrealismo. Una noche durante una cena una señora algo pesada le preguntó:

"Señor Dalí, ¿cómo se puede saber si un hombre es un genio o no lo es?"

Y Dalí contestó:

Señora, eso es muy fácil. Si ha nacido en Figueras y se llama Dalí, seguro que es un genio.

Apéndice gramatical

EL ARTÍCULO

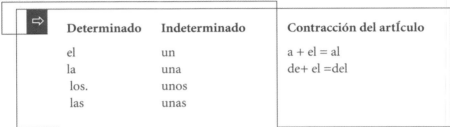

	Determinado	Indeterminado	Contracción del artículo
	el	un	a + el = al
	la	una	de+ el =del
	los.	unos	
	las	unas	

FORMACIÓN DEL FEMENINO Y DEL PLURAL

ADJETIVOS		ADJETIVOS Y SUSTANTIVOS	
Masculino	*Femenino*	*Singular*	*Plural*
-o italian<u>o</u>	-a italian<u>a</u>	-vocal inteligente	-s inteligente<u>s</u>
-consonante español	+a español<u>a</u>	-consonante reloj	+es reloj<u>es</u>
-e canadiense		-í iraní	+es iraní<u>es</u>
-a turista		-z lápiz	-ces lápic<u>es</u>
í iraní		lunes	-s lunes

ADJETIVOS Y PRONOMBRES DEMOSTRATIVOS

Est**e**	es**e**	aquel
est**a**	es**a**	aquel**la**
est**os**	es**os**	aquel**los**
est**as**	es**as**	aquel**las**

ADVERBIOS RELACIONADOS

Aquí   Ahí   Allí

POSESIVOS

PRONOMBRES			
Masculino singular	*Femenino singular*	*Masculino plural*	*Femenino plural*
mío	mía	míos	mías
tuyo	tuya	tuyos	tuyas
suyo	suya	suyos	suyas
nuestro	nuestra	nuestros	nuestras
vuestro	vuestra	vuestros	vuestras
suyo	suya	suyos	suyas

ADJETIVOS			
Masculino singular	*Femenino singular*	*Masculino plural*	*Femenino plural*
mi	mi	mis	mis
tu	tu	tus	tus
su	su	sus	sus
nuestro	nuestra	nuestros	nuestras
vuestro	vuestra	vuestros	vuestras
su	su	sus	sus

ADJETIVOS Y PRONOMBRES INDEFINIDOS

Algún/alguna	ningún/ninguna		
algunos/-as	nadie	mucho/-a	poco/-a
alguien	nada	muchos/-as	pocos/-as
algo			
todo/-a	todos/-as		

Adverbios de cantidad: mucho, poco.

Mucho/a/os/as + sustantivo: Verbo + **mucho** **Muy** + adjetivo **Muy** + adverbio	**Algo de** +nombre incontable **Nada de** +nombre incontable

LA COMPARACIÓN

más... que
menos... que

Casos especiales

Más bueno = **mejor**   Más grande = **mayor**

Más malo = **peor**   Más pequeño = **menor**

Tan + adjetivo + **Como**
           adverbio

Tanto / a / os /as + sustantivo + **Como**

LAS PREPOSICIONES

⇨ **1. Indican lugar**

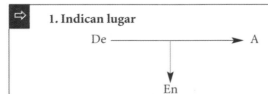

De ————————→ A

En

⇨ **2. Indican tiempo.**

a + horas = hora en punto

desde / de + horas / fecha = a partir de

desde + que + verbo en presente o pasado

en + meses / años / temporadas = periodo

en = dentro de

hace + cantidad de tiempo.

+ cantidad de tiempo + que + verbo en presente o pasado

hasta / a + horas / fecha = límite

sobre + horas / fecha = aproximadamente

⇨ **3. Para**
Expresa la finalidad, el objetivo de lo que hacemos.

Podemos representarla con esta idea :
ACCIÓN ➠ Objetivo (el objetivo está delante de lo que hacemos).

Para + nombre / pronombre sirve para expresar opinión.

⇨ **4. Por**
Expresa la causa por la que hacemos algo

Podemos representarla con esta idea: Causa ➠ ACCIÓN
(la causa precede a lo que hacemos).
Expresa la idea de a cambio de.

LOS PRONOMBRES PERSONALES SUJETO

⇨	yo	tú/vosotros (informal)
	tú	usted/ustedes (formal)
	él/ella/usted	
	nosotros/nosotras	
	vosotros/vosotras*	
	ellos/ellas/ustedes	

* En América Latina no se usa la forma *vosotros/as*. El plural de *tú* es *ustedes*.

Objeto directo	Objeto indirecto	Reflexivo
me	me	me
te	te	te
lo / la	le	se
nos	nos	nos
os	os	os
los / las	les	se

PRESENTE DE...

	SER	ESTAR	IR
yo	soy	estoy	voy
tú	eres	estás	vas
él/ella/usted	es	está	va
nosotros/nosotras	somos	estamos	vamos
vosotros/vosotras	sois	estáis	vais
ellos/ellas/ustedes	son	están	van

PRESENTES REGULARES

	ESTUDI-AR	COM-ER	SUBIR
yo	estudio	como	subo
tú	estudias	comes	subes
él/ella/usted	estudia	come	sube
nosotros/nosotras	estudiamos	comemos	subimos
vosotros/vosotras	estudiáis	coméis	subís
ellos/ellas/ustedes	estudian	comen	suben

IRREGULARES O ⇨ UE

	RECORD-AR	VOLV-ER	DORM-IR
yo	recuerdo	vuelvo	duermo
tú	recuerdas	vuelves	duermes
él/ella/usted	recuerda	vuelve	duerme
nosotros/nosotras	recordamos	volvemos	dormimos
vosotros/vosotras	recordáis	volvéis	dormís
ellos/ellas/ustedes	recuerdan	vuelven	duermen

PRESENTE DE LOS VERBOS CON CAMBIO E ⇨ IE

	EMPEZ-AR	QUER-ER	PREFER-IR
yo	empiezo	quiero	prefiero
tú	empiezas	quieres	prefieres
él/ella/usted	empieza	quiere	prefiere
nosotros/nosotras	empezamos	queremos	preferimos
vosotros/vosotras	empezáis	queréis	preferís
ellos/ellas/ustedes	empiezan	quieren	prefieren

VERBOS IRREGULARES EN PRIMERA PERSONA

HACER	SALIR	PONER	TRAER	TENER
hago	salgo	pongo	traigo	tengo
haces	sales	pones	traes	tienes
hace	sale	pone	trae	tiene
hacemos	salimos	ponemos	traemos	tenemos
hacéis	salís	ponéis	traéis	tenéis
hacen	salen	ponen	traen	tienen

VENIR	SABER	DAR	CONOCER	DECIR
vengo	sé	doy	conozco	digo
vienes	sabes	das	conoces	dices
viene	sabe	da	conoce	dice
venimos	sabemos	damos	conocemos	decimos
venís	sabéis	dais	conocéis	decís
vienen	saben	dan	conocen	dicen

CAMBIO *I* ⇨ *Y*   CAMBIO *E* ⇨ *I*

	CONSTRUIR	PEDIR
yo	construyo	**pido**
tú	construyes	pides
él/ella/usted	construye	pide
nosotros/nosotras	**construimos**	pedimos
vosotros/vosotras	construís	pedís
ellos/ellas/ustedes	construyen	piden

PRONOMBRE DE O. INDIRECTO + PRESENTE DEL VERBO *GUSTAR*

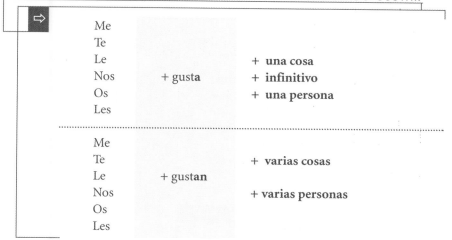

Me		
Te		
Le		+ **una cosa**
Nos	+ gusta	+ **infinitivo**
Os		+ **una persona**
Les		

Me		
Te		+ **varias cosas**
Le	+ gust**an**	
Nos		+ **varias personas**
Os		
Les		

COLOCACIÓN DE LOS PRONOMBRES

Los pronombres se colocan:
  1. Delante del verbo conjugado.
  2. Detrás del infinitivo o del gerundio.
  3. Detrás del imperativo afirmativo.

VERBOS REFLEXIVOS

yo	**me**	lavo
tú	**te**	lavas
él/ella/usted	**se**	lava
nosotros/nosotras	**nos**	lavamos
vosotros/vosotras	**os**	laváis
ellos/ellas/ustedes	**se**	lavan

PRETÉRITO PERFECTO

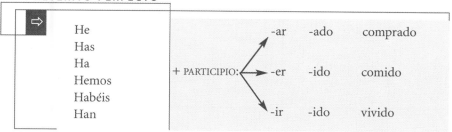

He			
Has		-ar	-ado	comprado
Ha	+ PARTICIPIO:	-er	-ido	comido
Hemos		-ir	-ido	vivido
Habéis			
Han			

PARTICIPIOS IRREGULARES

Hacer	**hecho**	Decir	**dicho**
Poner	**puesto**	Volver	**vuelto**
Escribir	**escrito**	Ver	**visto**
Abrir	**abierto**	Descubrir	**descubierto**

EL IMPERFECTO. FORMAS REGULARES: FORMAS IRREGULARES

VERBOS EN -AR	VERBOS EN -ER	VERBOS EN -IR	IR	SER	VER
estudi-aba	com-ía	viv-ía	iba	era	veía
estudi-abas	com-ías	viv-ías	ibas	eras	veías
estudi-aba	com-ía	viv-ía	iba	era	veía
estudi-ábamos	com-íamos	viv-íamos	íbamos	éramos	veíamos
estudi-abais	com-íais	viv-íais	ibais	erais	veíais
estudi-aban	com-ían	viv-ían	iban	eran	veían

EL INDEFINIDO. FORMAS REGULARES:

VERBOS EN -AR	VERBOS EN -ER	VERBOS EN -IR
estudi-é	com-í	viv-í
estudi-aste	com-iste	viv-iste
estudi-ó	com-ió	viv-ió
estudi-amos	com-imos	viv-imos
estudi-asteis	com-isteis	viv-isteis
estudi-aron	com-ieron	viv-ieron

Algunos irregulares muy usuales

DAR	ESTAR	ANDAR	SER / IR
di	estuve	anduve	fui
diste	estuviste	anduviste	fuiste
dio	estuvo	anduvo	fue
dimos	estuvimos	anduvimos	fuimos
disteis	estuvisteis	anduvisteis	fuisteis
dieron	estuvieron	anduvieron	fueron

PODER	VENIR	PONER	TENER	HACER
pude	vine	puse	tuve	hice
pudiste	viniste	pusiste	tuviste	hiciste
pudo	vino	puso	tuvo	hizo
pudimos	vinimos	pusimos	tuvimos	hicimos
pudisteis	vinisteis	pusisteis	tuvisteis	hicisteis
pudieron	vinieron	pusieron	tuvieron	hicieron

EL IMPERATIVO AFIRMATIVO

Imperativos regulares:

	-AR	-ER	-IR
tú	habl-**a**	com-**e**	viv-**e**
usted	habl-**e**	com-**a**	viv-**a**
vosotros	habl-**ad**	com-**ed**	viv-**id**
ustedes	habl-**en**	com-**an**	viv-**an**

Algunos imperativos tienen la misma irregularidad del presente:

	CERRAR	VOLVER	PEDIR
tú	c**ie**rra	v**ue**lve	p**i**de
usted	c**ie**rre	v**ue**lva	p**i**da
vosotros	cerr**ad**	volv**ed**	ped**id**
ustedes	c**ie**rren	v**ue**lan	p**i**d**an**

Otros imperativos tienen irregularidad propia:

	DECIR	HACER	IR	PONER	SALIR	SER	TENER	VENIR
tú	di	haz	ve	pon	sal	sé	ten	ven
usted	diga	haga	vaya	ponga	salga	sea	tenga	venga
vosotros	decid	haced	id	poned	salid	sed	tened	venid
ustedes	digan	hagan	vayan	pongan	salgan	sean	tengan	vengan

PERÍFRASIS

1. Para expresar una acciòn que progresa y que dura

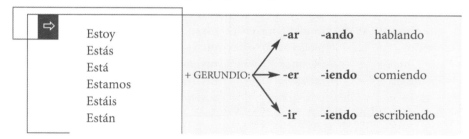

Estoy
Estás
Está
Estamos
Estáis
Están

+ GERUNDIO:

-ar   -ando   hablando
-er   -iendo   comiendo
-ir   -iendo   escribiendo

Gerundios irregulares					
Decir	**diciendo**	Leer	**leyendo**	Sentir	**sintiendo**
Dormir	**durmiendo**	Morir	**muriendo**	Venir	**viniendo**
Ir	yendo	Pedir	**pidiendo**	Poder	**pudiendo**

2. Para expresar futuro

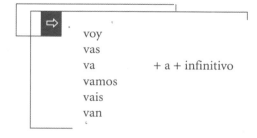

voy
vas
va   + a + infinitivo
vamos
vais
van

3. Para expresar obligación

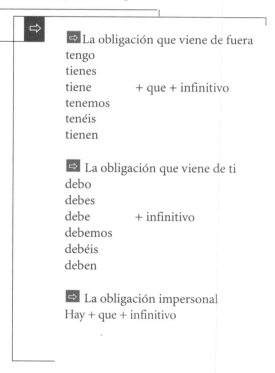

⇨ La obligación que viene de fuera
tengo
tienes
tiene   + que + infinitivo
tenemos
tenéis
tienen

⇨ La obligación que viene de ti
debo
debes
debe   + infinitivo
debemos
debéis
deben

⇨ La obligación impersonal
Hay + que + infinitivo

GLOSARIO

A

agua, el (1)
aguacate, el (8)
ahorrar (5)
ajillo, al (8)
ajo, el (5)
alcohol, el (7)
alegrar (6)
alegre (8)
alegría, la (6)
alemán(a) (4)
alérgico(a) (10)
alfombra, la (10)
alimentación, la (5)
alimento, el (5)
almeja, la (5)
almorzar (3)
alojarse (11)
alquilar (1)
alto(a) (1)
ama de casa, la (3)
amabilidad, la (10)
amante, el/la (3)
amarillo(a) (1)
ambulancia, la (6)
amigo(a) (3)
ancho(a) 7
andaluz(a) (1)
andar (6)
animal (genérico) (5)
animal, el (3)
antibiótico, el (6)
antiguo(a) (1)
antipático(a) (8)
anuncio, el (4)
año, el (3)
apagar (8)
apartado, el (4)
apellido, el (1)
aperitivo, el (8)
aportar (5)
aprender (6)
aprobar (5)
árbol, el (1)
archipiélago, el (2)

argentino(a) (1)
armado(a) (6)
armario, el (10)
arquitecto(a), el/la (1)
arrastrar (12)
arreglarse (10)
arteria, la (6)
artículo, el (1)
artista (8)
ascensor, el (5)
asco, el (6)
aspecto, el (10)
aspiradora, la (10)
aspirina, la (6)
astronauta (1)
atrapar (11)
auditorio, el (3)
austríaco(a), el/la (1)
autobús, el (2)
autocar, el (3)
autoescuela, la (12)
autónomo(a) (2)
autopista, la (7)
avanzar (7)
averiguar (8)
avión, el (3)
ayer (2)
ayudar (6)
ayunar (9)
ayunas, en (9)
azafato(a), el/la (1)
azúcar, el (5)
azul (1)

B

bailar (6)
baile, el (9)
bajar (rebajar) 7
bajar (volumen) 9
bajo(a) (1)
balcón, el (9)
banco (dinero), el (6)
banco, el (2)
bandera, la (1)
bañador, el (10)

bañarse (10)
baño, el (8)
baños (sección) (7)
bar, el (1)
barato(a) (1)
barca, la (7)
barco, el (4)
beber (2)
bebida, la (3)
beneficio, el (5)
beneficioso(a) (8)
bermudas, las (11)
biblioteca, la (2)
bicarbonato, el (10)
bicicleta, la (4)
bien (1)
bienvenido(a) (1)
billar, el (4)
billete, el (3)
biología, la (3)
biológico(a) (3)
bisutería, la (3)
blanco(a) (1)
blanco, el (vino) (8)
blusa, la (7)
boca, la (6)
bocadillo, el (1)
boda, la (6)
bolígrafo, el (2)
bolsillo, el (6)
bolso, el (1)
bombero(a), el/la (2)
bonito(a) (1)
bonobús, el (3)
borrador, el (2)
borrar (12)
bosque, el (12)
bota, la (7)
botella, la (7)
boxeo, el (7)
brasileño(a) (1)
brazo, el (6)
brocheta, la (8)
broma, la (4)
budista (8)

bueno(a) (1)
bufanda, la (7)
buhardilla, la (9)
buscar (4)
buzón, el (3)

C

caber (3)
cabeza, la (4)
cabrales, el (8)
cacao, el (5)
cada (1)
cadena, la (9)
caer (4)
caer, bien/mal (10)
caerse (6)
café, el (1)
cafetería, la (7)
caja fuerte (11)
cajón, el (7)
calamar, el (5)
calcetines, los (7)
calculadora, la (11)
calidad, la (7)
caliente (2)
calma, la (9)
calor, el (3)
caluroso(a) (4)
calzado, el (2)
calle, la (1)
cama, la (3)
cámara de vídeo, la (10)
camarero(a), el/la (1)
cambiar (5)
cambio, el (3)
camisa, la (7)
camiseta, la (6)
camisón, el (7)
campaña, la (9)
campo, el (4)
canadiense (1)
canción, la (1)
cansado(a) (2)
cantante (1)
cantar (1)

capital, la (1)
cara, la (6)
carácter, el (3)
caramelo, el (12)
caries, la (5)
cariño, el (11)
cariñoso(a) (11)
carné, el (3)
carne, la (4)
carnicería, la (5)
caro(a) (1)
carpeta, la (2)
carretera, la (3)
carro, el (3)
carta, la (2)
carta, la (restaurante) (8)
cartelera, la (4)
cartón, el (3)
casa, la (1)
casarse (10)
castaño(a) (6)
castillo, el (11)
casualidad, la (4)
catalán (a), el/la (2)
catástrofe, la (6)
catedral, la (1)
cava, el (8)
caviar, el (1)
cebolla, la (5)
celulitis, la (10)
cena, la (8)
cenar (1)
céntrico(a) (12)
centro, el (1)
cepillar (se)
  (dientes) (10)
cerca (2)
cerdo, el (5)
cereal, el (5)
cerilla, la (10)
cerrar (2)
cerveza, la (2)
césped, el (7)
cielo, el (1)
cigarrillo, el (1)
cine, el (1)
cinturón, el (7)

circulación, la
  (sanguínea) (8)
ciruela, la (5)
cirugía, la (12)
cita, la (5)
ciudad, la (1)
clarete, el (vino) (8)
claro (1)
clase (tipo) (5)
clase (lecciones) (2)
clase, la (aula) (1)
clásico/a (7)
clave, la (9)
cliente, el/la (6)
clima, el (4)
clonación (5)
cocido, el (comida)(9)
cocina, la (1)
cocinar (4)
cóctel, el (9)
coche, el (1)
codo, el (6)
coger (2)
colaborar (9)
colcha, la (10)
colchón, el (10)
coleccionar (4)
colesterol, el (5)
coliflor, la (5)
colocar (poner) (9)
color, el (1)
collar, el (9)
comedor, el (8)
comer (2)
comida, la (3)
cómodo(a) (4)
compañero(a) (1)
comparación, la (7)
comparar (7)
compartir (9)
compatible (9)
complemento, el (7)
complementos
  (sección) (7)
completar (1)
comprar (1)
compras, las (4)

comprender (2)
computadora, la (3)
comunicar (6)
comunidad, la (2)
conceder (9)
concierto, el (3)
conducir (5)
conferencia, la (3)
conflicto, el (6)
confusión, la (12)
congelado/a (12)
congelador, el (10)
conocer (5)
consciente (9)
conseguir (6)
consejo, el (9)
conserje (11)
conservador(a) (8)
consomé, el (8)
construir (5)
consulado, el (8)
consultar (5)
consultorio, el (9)
consumir (5)
consumo, el (5)
contactar (4)
contaminación, la (7)
contar (narrar) (9)
contenedor, el (9)
contento(a) (8)
contestar (1)
continente, el (6)
continuar (8)
control, el (12)
controlar (12)
copa, la (beber) (8)
copiar (6)
corazón, el (5)
corbata, la (6)
cordero, el (5)
correcto(a) (1)
correos (2)
correr (8)
corrida, la (toros) (6)
cortarse (10)
cortina, la (10)
corto(a) (8)

cosa, la (2)
cosmética (sección) (7)
costa, la (12)
costar (6)
costumbre, la (5)
crecer (7)
creer (2)
crema, la (6)
cristal, el (3)
cruel (7)
cuaderno, el (2)
cuadro, el (10)
cuadros, con/a (7)
cuarto, el (habitación) (7)
cuartos (tiempo) (6)
cubano(a), el /al (8)
cuchara, la (7)
cuello, el (6)
cuenta, la (bancaria) (6)
cuenta, la
  (restaurante) (8)
cuerpo, el (6)
cuestión, la (8)
cuidado, el (3)
cuidar (6)
cultura, la (5)
cumpleaños, el (6)
cura, el (11)
curar (6)
curioso(a)
  (interesante) 10
cursiva (9)
champiñón, el (8)
champú, el (7)
chándal, el (7)
chaqueta, la (3)
chico(a), el/la (2)
chocolate, el (3)
chuleta, la (5)

 D

dado, el (10)
dar (5)
darse cuenta de (6)
dato, el (1)
deber (1)
deberes, los (3)

decir (1)
decoración, la (7)
decorar (7)
dedo, el (6)
deducir (8)
dejar (poner,
    situar en) (6)
dejar (prestar) (10)
delante (2)
deletrear (1)
delgado(a) (1)
demasiado(a) (5)
demostrar (5)
dentista, el/la (5)
departamento (piso),
    el (10)
departamento, el
    (ventas) (7)
depende (4)
depilarse (10)
deporte, el (1)
deprimido(a) (7)
derecha, a la (2)
derecha, la (2)
derecho, el (3)
desayunar (1)
desayuno, el (8)
descafeinado (6)
descansar (9)
desconectar (12)
describir (1)
descripción, la (3)
descubrir (6)
desear (2)
desfilar (11)
desfile, el (9)
desierto, el (12)
desnudarse (10)
desordenar (9)
despacio (1)
despacho, el (2)
despertador, el (5)
despertarse (5)
despierto(a) (11)
desplazado(a) (6)
desplazamiento, el (9)
destruir (5)

detergente, el (5)
detrás (2)
devolver (5)
día, el (1)
diario(a) (8)
diccionario, el (1)
diciembre (4)
dieta, la (5)
difícil (1)
dinero, el (4)
diputación, la (8)
dirección, la (1)
directo, en (6)
director(a), el/la (1)
disco, el (7)
discreto(a) (7)
discutir (7)
disfrutar (9)
disminuir (5)
disquete, el (7)
distinto(a) (6)
diván, el (10)
divertido(a) (8)
divertirse (10)
dividir (9)
divorciado(a), el/la (3)
divorciarse (10)
divorcio, el (7)
doble (11)
doler (4)
dolor, el (12)
doméstico(a) (8)
domicilio, el (8)
domingo, el (2)
donar (6)
dormir (4)
dormitorio, el (8)
droga, la (9)
ducharse (10)
dueño(a), el/la (2)
dulces, los (pasteles)(5)
duna, la (12)
durazno, el (8)

E

ecologista, el/la (1)
económico(a) (2)

economista, el/la (1)
ecuatoriano(a), el/la (7)
edad, la (1)
edredón, el (10)
educado(a) (8)
eficiente (11)
egoísta (3)
ejercer (5)
ejercicio, el (gimnasia) (9)
ejercicio, el (1)
electrodomésticos, los (7)
elegante (7)
elegir (2)
eludir (9)
embajada, la (7)
embarazada, la (9)
emergencia, la (2)
empezar (2)
empleado(a), el/la (5)
empresa, la (3)
encantar (1)
encendedor, el (3)
encender (3)
encima (2)
encontrar (4)
enchufar (11)
enero (4)
enfadado(a) (6)
enfermedad, la (5)
enfermero(a), el/la (1)
enfermo(a) (2)
enhorabuena (6)
ensaimada, la (6)
ensalada, la (5)
entender (1)
enterarse de (6)
entidad, la (12)
entrada, la (3)
entrar (5)
entre (2)
entrecot (8)
enviar (3)
epidemia, la (6)
episcopal (3)
equipo de música, el (10)
equipo, el (1)
error, el (3)

escalera, la (2)
escaparate, el (6)
escaparse (12)
escoger (5)
escribir (1)
escritor(a), el/la (3)
escuchar (1)
escuela, la (1)
esfuerzo, el (6)
espacial (1)
espalda, la (6)
esparcido(a) (9)
espárrago, el (8)
especializado(a) (7)
espejo, el (10)
espera, la (4)
esperar (9)
espumoso(a) (8)
esquiar (6)
esquina, la (1)
esquivar (12)
estación, la (2)
estadio, el (2)
estanco, el (2)
estantería, la (2)
estar (1)
estatura, la (7)
este, el (2)
estética, la (12)
estilo, el (7)
estómago, el (6)
estrategia, la (6)
estropear(se) (10)
estudiar (1)
estupidez, la (5)
euro, el (1)
evitar (12)
exagerado(a) (9)
existir (6)
exportar (2)
expresión, la (3)
exterior (11)
extranjero(a) (1)

fácil (1)
facultad, la (3)

falda, la (4)
familia, la (3)
familiar (7)
famoso(a) (1)
fantasma, el (11)
fantástico(a) (1)
farmacia, la (1)
fascinar (4)
fatal (6)
favor, el (2)
favorito(a) (1)
febrero (4)
fecha, la (8)
feo(a) (1)
festival, el (2)
fibra, la (sintético) (7)
fiebre, la (3)
fiesta, la (2)
fijar(se) (atención) (9)
filete, el (5)
filosofía, la (2)
fin de semana, el (3)
financiero(a) (12)
finlandés(a), el/la (10)
fino(a) (7)
firmar (7)
flamenco(a) (1)
flan, el (8)
flor, la (4)
fondo, el (12)
forma, la (2)
fósforo, el (10)
foto, la (2)
francés(a) (1)
frase, la (1)
frecuencia, la (8)
fregar (3)
freír (5)
frente, la (8)
fresa, la (5)
fresco(a) (5)
frío, el (2)
frito(a) (5)
frontera, la (6)
fruta, la (1)
frutería, la (5)
fuente, la (2)

fuera (8)
fumar (1)
funcionar (5)

G

gafas, las (6)
gala, la (12)
gallego, el/la (2)
galleta, la (5)
gamba, la (5)
ganar (1)
ganas, las (3)
garaje, el (2)
garbanzo, el (9)
gas, el (1)
gasoil, el (7)
gasolina, la (7)
gato, el (3)
gazpacho, el (5)
generoso(a) (8)
gimnasia, la (6)
globo, el (6)
goma, la (2)
gordo(a) (1)
gota, la (9)
grado, el (4)
grande (1)
grandes almacenes, los (7)
gratuito(a) (2)
grave (6)
griego(a) (8)
gris (1)
guantes, los (7)
guapo(a) (1)
guerra, la (4)
guía, el/la (8)
guitarra, la (1)
gustar (4)

H

haber (2)
habitación, la (3)
habitante, el/la (2)
habitual (9)
hablar (7)
hacer (2)
hacer(se) (5)

hambre, el (3)
harto(a) (8)
helado, el (3)
helicóptero, el (6)
herida, la (6)
hermano(a), el/la (3)
hidratante (10)
hijo(a), el/la (2)
hinchado(a) (10)
hipermercado, el (7)
historia, la (4)
hogar, el (7)
hoja, la (10)
hola (1)
hombro, el (6)
hora, la (1)
horario, el (6)
hormiga, la (11)
horrible (2)
hospital, el (2)
hotel, el (7)
hoy (1)
huevo, el (8)
humano(a), el/la (6)
humor, el (8)

I

idea, la (3)
ideal (6)
idioma, el (1)
ídolo, el (11)
iglesia, la (4)
igual (7)
igualdad, la (7)
imagen, la (9)
imaginar (3)
imaginario(a) (3)
importante (1)
importar (4)
imposible (3)
impresionar (6)
impuesto, el (10)
impuntual (3)
inaugurar (12)
incluir (5)
increíble (8)
indio(a), el/la (12)

individual (11)
información, la (2)
informar (1)
informática, la (3)
informe, el (6)
ingeniería, la (7)
ingeniero(a), el /la (1)
inglés(esa), el/la (1)
ingrediente, el (1)
inmigrante, el/la (11)
inscribirse (12)
insecto, el (8)
instituto, el (3)
instrucción,
   la (norma) (9)
instrumento, el
   (música) (12)
intelectual (8)
inteligente (1)
intentar (3)
intercambiar (4)
intercambio, el (4)
interesar (4)
interior (11)
internacional (2)
introvertido(a) (8)
inventar (12)
invertir (9)
invierno, el (4)
inyección, la (6)
ir (2)
isla, la (2)
izquierda, a la (2)
izquierda, la (2)

J

jamón, el (1)
japonés(a), el/la (7)
jardín, el (3)
jardinero(a), el/la (1)
jazz, el (4)
jefe, el (7)
jersey, el (7)
joven (1)
jueves, el (2)
jugar (2)
juguete, el (7)

julio (4)
junio (4)
junto a (2)
justicia, la (9)
justificar (9)

K

kilo, el (3)
kiwi, el (8)

L

lado, al (2)
lado, el (7)
lago, el (12)
lana, la (7)
lápiz, el (1)
lavabo, el (7)
lavadora, la (5)
lavandería, la (11)
lavaplatos, el (10)
lavar (5)
leche, la (1)
lechuga, la (5)
leer (2)
lejos (2)
lengua, la
  (idioma) (2)
lenguado, el (5)
levantar(se) (10)
ley, la (7)
libre (8)
librería, la (2)
libro, el (1)
ligar (9)
limitar (2)
limón, el (2)
limpiar(se) (6)
lingüística, la (8)
liso(a) (7)
lista, la
  (relación) (4)
literatura, la (8)
llamada, la (6)
llamar (5)
llamar(se) (1)
llave, la (2)
llevar (puesto) (4)

llevar(se) (5)
llevarse,
  bien/mal (10)
llover (3)
lluvia, la (4)
localizar (2)
longitud, la (8)
loro, el (12)
lugar, el (2)
lujo, el (12)
luna, la (4)
lunes, el (1)
luz, la (7)

M

maderero(a) (12)
madre, la (1)
maduro(a) (5)
mal (1)
maleducado(a) (8)
malo(a) (3)
mano, la (6)
manta, la (10)
mantequilla, la (1)
manzana, la (5)
mañana (2)
mañana, la (2)
mapa, el (1)
maquillar(se) (10)
maquinilla, la (afeitar) (10)
mar, el (1)
maravilloso(a) (1)
marearse (10)
margarina, la (5)
marido, el (3)
marinera, a la (8)
marinero(a), el/ la (1)
mariposa, la (11)
marroquí, el/la (1)
martes, el (2)
marzo (4)
material, el (1)
mayo (4)
mayonesa, la (6)
mayor (3)
mecánico(a), el/la (1)
mechero, el (3)

medias, las (7)
medicamento, el (6)
médico(a), el/la (1)
medio, el (3)
mediodía, el (2)
medir (3)
meditar (6)
mejillón, el (5)
mejor (7)
melocotón, el (5)
melón, el (8)
menor, el/la (edad) (9)
mercado, el (2)
merluza, la (8)
mermelada, la (5)
mes, el (4)
mesa, la (2)
meter (7)
mezcla, la (8)
microondas, el (7)
miedo, el (3)
miel, la (10)
miércoles, el (2)
mili, la (6)
millón, el (2)
mimado(a) (3)
mineral (1)
minifalda, la (6)
minusválido(a) el/la (11)
minuto, el (2)
mirar (4)
misión, la (12)
misterioso(a) (11)
mitad, la (2)
mixto(a) (8)
mochila, la (9)
moda, la (4)
moderación, la (9)
moderar (5)
moderno(a) (1)
modisto(a), el/la (8)
molestar (4)
molesto(a) (10)
monarquía, la (2)
moneda, la (2)
monja, la (11)
montaña, la (4)

montar (6)
monumento, el (2)
moreno(a) (1)
morir (6)
mortal (4)
mosca, la (4)
mosquito, el (8)
moto, la (1)
móvil, el (3)
mucho (2)
mueble, el (7)
mujer, la (1)
multa, la (12)
mundo, el (1)
municipal (8)
muñeca, la (7)
museo, el (2)
música, la (1)
músico(a), el/la (3)
musulmán(a), el/la (5)

N

nacional (1)
nacionalidad, la (1)
nadar (1)
naranja (1)
naranja, la (5)
nariz, la (6)
nata, la (5)
natillas, las (8)
nave, la (1)
Navidad, la (4)
necesario(a) (4)
neceser, el (11)
necesidad, la (5)
necesitar (1)
negro(a) (1)
nervios, los (6)
nervioso(a) (4)
nevar (4)
niebla, la (4)
nieto(a), el/la (3)
nieve, la (4)
niño(a), el/la (2)
noche, la (2)
nombre, el (1)
normativa, la (9)

norte, el (2)
notar (7)
noticia, la (6)
novedad, la (6)
novela, la (7)
noviembre (4)
novio(a), el/la (3)
nublado, el (4)
nuevo(a) (1)
número, el (1)
numeroso(a) (3)

O

objeto, el (2)
obra, la (3)
obsesión, la (11)
obtener (10)
océano, el (2)
octubre (4)
odio, el (4)
oeste, el (2)
oficial (2)
oficina, la (1)
ofrecer(se) (8)
oftalmólogo(a), el/la (12)
oír (2)
ojo, el (6)
oliva, la (2)
olivo, el (5)
olvidar (9)
ombligo, el (6)
ópera, la (6)
operación, la (6)
operar (6)
opinar (5)
oportunidad, la (7)
optimista (8)
ordenador, el (1)
oreja, la (6)
organismo, el (5)
órgano, el (6)
origen, el (5)
original (12)
oro, el (3)
orquesta, la (3)
oscuro(a) (1)

ostra, la (6)
otoño, el (1)

P

paciencia, la (9)
paciente, el/la (6)
padre, el (2)
paella, la (3)
pagar (3)
país, el (1)
pala, la (12)
palabra, la (1)
palacio, el (3)
pan, el (1)
panadero(a), el/la (6)
panameño(a), el/la (5)
pantalón, el (7)
pañuelo, el (6)
papel, el (1)
papelera, la (2)
papelería, la (7)
paquete, el (1)
par, el (7)
paracaidismo, el (6)
parada, la (2)
paraguas, el (3)
parecer (2)
parecido(a) (9)
pared, la (11)
pareja, la (4)
parlamento, el (2)
paro, el (8)
parte, la (5)
particular (3)
partido, el (3)
pasajero(a), el/la (3)
pasaporte, el (5)
pasar (2)
paseo, el (9)
pasillo, el (2)
pasta, la (2)
pastilla, la (6)
patata, la (5)
patronaje, el (8)
pecho, el (6)
pechuga, la (pollo) (5)
pedir (2)

peinar(se) (10)
pelearse (8)
película, la (1)
peligroso(a) (1)
pelo, el (6)
pelota, la (1)
peluquería, la (3)
pendiente, el (3)
península, la (2)
pensar (3)
pensión (11)
peor (7)
pepino, el (5)
pequeño(a), (1)
pera, la (5)
perder (2)
perdón, el (1)
perfecto(a) (1)
perfil, el (8)
perforarse (10)
perfume, el (6)
periódico, el(1)
periodista, el/la (1)
perjudicial (7)
permiso, el (2)
perro(a), el/la (2)
persona, la (1)
personal (1)
personal, el (8)
pesar (3)
pescadería (5)
pescado, el (4)
pescar (4)
pesimista (8)
peso, el (7)
peso, el (moneda) (2)
pico, el (montaña) (8)
pie, el (6)
piel, la (cuero) (7)
pierna, la (6)
pijama, el (7)
pila, la (5)
piloto, el/la (1)
pimienta, la (8)
pimiento, el (5)
pino, el (12)
pinta (aspecto), la (10)

pintar (7)
pintarse (maquillarse) (10)
pintor(a), el /la (1)
piña, la (8)
piscina, la (1)
piso, el (1)
pista, la (señal) (8)
pista, la (baile) (12)
pizarra, la (2)
plan, el (3)
plancha, a la (8)
planeta, el (6)
planta, la (piso) (8)
planta, la (vegetal) (9)
plantar (6)
plástico, el (1)
plátano, el (2)
plato, el (3)
playa, la (2)
plaza, la (2)
pluma, la (1)
población, la (2)
pobre (1)
poco(a) (2)
poder (1)
policía, el/la (1)
política, la (4)
pollo, el (5)
poner (3)
portátil (8)
posesión, la (8)
postal, la (3)
postre, el (8)
practicar (1)
precio, el (3)
precioso(a) (2)
precocinado (a) (7)
preferir (3)
prefijo, el (2)
preguntar (1)
premio, el (1)
preparar (3)
prestar (10)
prestigio, el (9)
primavera (4)
primero(a), el /la (2)

primero, de (8)
primitiva, la (lotería) (5)
primo(a), el/la (3)
principal, el /la (2)
prisa, la (3)
privado(a) (8)
probador, el (7)
probar (comer) (6)
probarse (ropa) (10)
problema, el (3)
producir (5)
producto, el (5)
productor(a), el/la (8)
profesión, la (1)
profesor(a), el/la (1)
profundo(a) (9)
prohibido(a) (2)
pronunciación, la (5)
pronunciar (1)
proponer (3)
protector(a) (5)
proyecto, el (7)
prudencia, la (9)
publicar (1)
publicidad, la (3)
pueblo, el (8)
puerta, la (2)
puerto, el (2)
puesto, el (5)
pulsera, la (6)
punto, el (6)
puntual (5)
puro(a) (5)
puro, el (tabaco) (3)

Q

quedar(se) (5)
querer (3)
queso, el (1)
químico(a), el/la (8)
quiosco, el (1)
quitarse (algo) 10

R

radiador, el (3)
radio, la (1)
radiografía, la (6)

rape, el (8)
rápido(a) (1)
raqueta, la (7)
rascar (9)
rastro, el (6)
raya, la (7)
razón, la (7)
realidad, la (7)
realizar (9)
rebaja, la (7)
recado, el (9)
recepción, la (11)
receta, la (6)
recibidor, el (9)
recibir (2)
recoger (6)
recomendar (8)
recordar (5)
recto(a) (2)
recuerdo, el (11)
recurso, el (2)
redactar (6)
referencia, la (8)
reflexión, la (9)
refrescante (9)
refugiado(a) (6)
regalar (6)
regaliz, el (10)
regalo, el (8)
registrarse (11)
regla, la (2)
regular (1)
reírse (8)
relacionar (1)
relajante (10)
relajarse (10)
religión, la (4)
reloj, el (1)
remojar (9)
renovar (10)
repartir (8)
repetir (2)
representar (1)
república, la (2)
resaca, la (3)
rescate, el (12)
reserva, la (11)

reservar (5)
resfriado(a) (6)
resfriado, el (6)
respetar (5)
respeto, el (11)
respiración (6)
respirar (6)
responsabilidad, la (9)
responsable (3)
respuesta, la (2)
restaurante, el (1)
resto, el (12)
retraso (10)
reunión, la (5)
reunir (10)
revista, la (6)
rey, el (2)
rico(a) (12)
rico(a) (1)
riesgo, el (5)
rímel, el (10)
río, el (2)
rioja, de (8)
risa, la (4)
ritmo, el (9)
robar (6)
rodilla, la (6)
rojo(a) (1)
romper(se) (6)
ropa, la (4)
rosado, el (vino) (8)
rotulador, el (7)
rubio(a) (1)
ruido, el (2)
ruso(a) (1)

S

sábado, el (2)
sábana, la (10)
saber (1)
sacapuntas, el (2)
sacar (5)
sal, la (2)
sala, la (9)
salchicha, la (5)
salir (3)
salmón, el (8)

salón, el (8)
salsa, la (8)
salsa, la (baile) (9)
saltar (9)
salud, la (5)
saludar (1)
sandía, la (5)
sangre, la (6)
sanguíneo(a) (8)
sanitario(a) (2)
sano(a) (5)
santo(a), el/la (4)
sardina, la (5)
sauna, la (10)
secador, el (10)
seco(a) (6)
secretario(a), el/la (1)
sed, la (3)
seda, la (7)
seducir (11)
seductor(a) (8)
seguir (5)
segundo(a) (2)
seguro(a) (5)
selección, la (1)
selva, la (12)
sello, el (3)
semana, la (2)
sentido, el (9)
sentir (3)
sentirse bien/mal (10)
señal, la (5)
señor(a), el/la (1)
separado(a), el/la (3)
septiembre (4)
ser (1)
serio(a) (triste) (8)
servicio (lavabo) (8)
servicio, el (2)
servir (6)
sexo, el (1)
siesta, la (11)
siglo, el (5)
silla, la (10)
silla, la (2)
sillón, el (10)
simpático(a) (1)

sitio, el (12)
situación, la (5)
sobre (2)
sobre, el (3)
sobrino(a), el/la (3)
socio(a) (3)
sofá, el (9)
soleado(a) (8)
soler (11)
solidaridad, la (3)
solo(a) (4)
solomillo, el (8)
soltero(a), el/la (3)
sopa, la (8)
sorpresa, la (10)
sorteo, el (8)
sótano, el (9)
suave (4)
suavizante, el (5)
subir (2)
subtropical (4)
suegro(a) (3)
sueldo, el (5)
sueño, el (3)
sueños, los
   (ilusiones) (12)
supermercado, el (1)
suplemento, el (11)
sur, el (2)
sustituir (5)

T

tabaco, el (3)
tacaño(a) (8)
tacón, el (7)
talla, la (7)
tapa, la (comida) (8)
tapa, la (libro) (11)
tapones, los (oídos) (6)
tarde (1)
tarea, la (7)
tarjeta, la (2)
tarta, la (8)
taxi, el (2)
té, el (1)
teatro, el (3)

teclear (9)
técnico(a), el/la (5)
teléfono, el(1)
televisión, la (1)
tema, el (5)
temperatura, la (4)
temporada, la (6)
temprano (7)
tener (3)
tenis, el (3)
tensión, la (6)
tequila, el (2)
tercero(a) (2)
terminar (1)
termómetro, el (6)
ternera, la (5)
terraza, la (8)
terrible (12)
tiempo, el (4)
tienda, la (2)
tijera, la (3)
tímido(a) (1)
tinto, el (vino) (2)
tío(a), el/la (3)
tirar (9)
tirita, la (6)
tiza, la (2)
toalla, la (11)
tocar (1)
todavía (6)
tomar (1)
tomate, el (5)
tomo, el (11)
tonto(a) (8)
tormenta, la (4)
toro, el (1)
torpe (1)
torre, la (2)
tortilla, la (8)
tortuga, la (3)
total, el (3)
trabajador(a), el/la (1)
trabajar (1)
trabajo, el (3)
tradicional (5)
traducción, la (4)

traer (3)
tráfico, el (5)
traje, el (7)
tranquilo(a) (3)
transitorio(a) (8)
trasladar (5)
trastero, el (9)
tratarse de (5)
tren, el (3)
triste (6)
tristeza, la (3)
tropical (8)
truco, el (9)
turismo, el (2)
turista, el/la (1)

U

unido(a) (5)
uniforme, el (4)
universidad, la (1)
universo, el (1)
urgencias (2)
urgente (3)
usar (7)
útil (2)
uva, la (5)

V

vacaciones, las (1)
vacío(a) (8)
vacuna, la (5)
vago(a) (1)
vainilla, la (3)
valer (10)
valle, el (12)
variado(a) (5)
varios(as) (7)
vasco(a), el/la (2)
vaso, el (3)
vecino(a) (3)
vegetal, el (5)
vegetariano(a) (5)
vendedor(a),
   el/la (5)
vender (2)
venir (3)

ventana, la (2)
ventanilla, la (12)
ver (2)
verano, el (4)
verbo, el (1)
verdad, la (1)
verde (1)
verdura, la (5)
vestido, el (7)
vestir(se) (8)
viajar (1)
viaje, el (1)
víctima (6)
vídeo club (5)
vídeo, el (7)
viejo(a) (1)
viento, el (4)
viernes, el (2)
vigente (9)
vigilado(a) (11)
vino, el (2)
viñeta, la (6)
violeta (1)
violín, el (1)
virgen (5)
virus (12)
visitar (3)
vistas, las (11)
vitamina, la (5)
viudo(a), el/la (3)
vividor(a) (8)
vivir (2)
vocación, la (6)
volcán (2)
volver (3)

Y

yogur, el (5)

Z

zanahoria, la (5)
zapatería, la (7)
zapato, el (1)
zona, la (4)
zoo, el (3)
zumo, el (1)